AF362800

Rainer Maria Rilke

Dramatische Werke: Ohne Gegenwart + Die weisse Fürstin

e-artnow 2018

Friedrich Schiller
Don Karlos, Infant von Spanien

Christian Dietrich Grabbe
Hannibal

Gotthold Ephraim Lessing
Nathan der Weise: Historiendrama aus der Zeit des Dritten Kreuzzugs

Arthur Schnitzler
Der einsame Weg

Achim von Arnim
Das Frühlingsfest (Nachspiel)

Rainer Maria Rilke

Dramatische Werke: Ohne Gegenwart + Die weisse Fürstin

Drama in zwei Akten und ein Dramatisches Gedicht

e-artnow, 2018
ISBN 978-80-273-1711-0

Inhaltsverzeichnis

Ohne Gegenwart 11

Personen 13

Erster Akt 15

Erste Szene 16

Zweite Szene 18

Dritte Szene 20

Vierte Szene 21

Fünfte Szene 24

Sechste Szene 26

Zweiter Akt 27

Erste Szene 27

Zweite Szene 30

Dritte Szene 32

Vierte Szene 35

Die weisse Fürstin 37

Ohne Gegenwart

Personen

Frau Gerth
  Sophie, ihre Tochter kurz verheiratet mit
  Ernst Erben, Ingenieur
  Ort der Handlung:
  Ein Landhaus in der Nähe einer mittelgroßen Stadt. Eine lichte freundliche Wohnstube, deren Fenster und Erkertüre (die Fenster sind hoch und hell) in den Garten sehen, in welchem Frühling ist. Die Möbel sind alle ziemlich neu, stehen etwas ungeschickt und schematisch da und verraten stark den Willen und die Meinung des – Tapeziers, wie das ja in den Wohnungen junger Eheleute zu sein pflegt. Alles wartet noch auf Gebrauch. Die Einrichtung ist so: Im Erker, dessen eine Wand durch die Gartentüre gefüllt wird, stehen Blumen. Der Erker ist durch eine Portiere, welche konventionell gerafft ist, abgetrennt. Vorhänge derselben Art sind an den hohen Fenstern und an den beiden Türen (rechts und links) angebracht, und von korrespondierendem Muster sind die Bezüge der Fauteuils am Kamin und derjenigen, welche den runden Salontisch vorn umgeben. Die Couchette, welche auffallend breit ist, ragt weit in das Zimmer und ist mit einem Teppich überdeckt. Bilder, meist Prämien, nicht zu zahlreich verteilt.

Erster Akt

Erste Szene

Frau Gerth, Sophie.

MUTTER. Immer wieder möcht ich durch das ganze Haus gehn. Liebes Kind, du hasts wirklich gut. Wenn ich denk, unsere Böden in den alten Häusern, da in der Spornergasse. Du weißt ja: wenn man herunterkommt, wie aus dem Kamin kommt man. Bei dir? Strudelteig könnt man auf den Dielen rollen, nicht ein Stäubchen ... *Sie unterbricht sich plötzlich.* Aber das hab ich dich fragen wollen, Sophie. Gefällt dir das da? *Sie weist nach der Couchette.* Ich kann nicht daran vorübergehn. Es steht mir überall im Weg. Was ich mich herumgestritten hab mit dem Tapezier. Er hat halt immer behauptet, sowas muß schief stehen. Nicht sehn kann ichs.

SOPHIE. Gott, so schlimm ist das ja nicht. Gar so weit muß es ja auch nicht vorstehn, und wenn dann erst alles in Ordnung ist, kann mans ja noch überlegen, vorläufig laß ichs so ...

MUTTER. Denk dir nur, Kind, auch den Schreibtisch hat er so stellen wollen; so quer in die Stube herein. »Mann,« sag ich ihm, »sind Sie denn ...« Na, offenbar war er so ein bißchen *Macht eine Handbewegung vor der Stirne.* Einen Schreibtisch stellt man doch an die Wand.

SOPHIE. Er dachte wohl wegen des Lichts.

MUTTER. Ja richtig; die dumme Ausrede hat er gehabt. 's ist kein Licht so. Wozu denn auch? Man sitzt ja sowieso 's ganze Jahr keine zweimal beim Schreibtisch.

SOPHIE *mit drolligem Entsetzen.* Aber, Mama ...

MUTTER. Ja tun Sie nur nicht so – bald hätt ich Fräulein gesagt – so 'ne Beleidigung. Aber man sieht dirs wirklich schon an, daß man zu dir ›gnädige Frau‹ sagen muß. Du bist ja ganz stolz und ordentlich groß geworden.

SOPHIE *schmiegt sich an die Mutter.* Ich bin so glücklich.

MUTTER. Versteht sich. Und drum sag ich ja auch: du wirst auch nicht oft bei dem Zeug da sitzen, seit du mit dem Herrn Ernst jede Weile – *so* – *Macht die Mundbewegung des Küssens.* reden kannst. Was? Früher da sind wohl die heimlichen Brieferl nur so hin und her. Da war der Schreibtisch wichtiger wie's Bett. Hm?

SOPHIE *schweigt verlegen.*

MUTTER. Noh jetzt ist ja der Kampf zu Ende. Jetzt habt ihrs ja durchgesetzt! Jetzt kann mans ja sagen. Ich habs ja lange gewußt und hab ja den Papa nicht mehr losgelassen.

SOPHIE *zögernd.* Ich hab dich schon oft fragen wollen, warum hat eigentlich der Papa den Ernst solange nicht mögen?

MUTTER. Gott, das ist seine Art so. Du kennst ihn ja. Übrigens den Ernst hat er immer mögen.

SOPHIE. Aber? ...

MUTTER. Die Verwandtschaft in Wien war ihm halt nicht ganz recht.

SOPHIE *sieht fragend auf.*

MUTTER *beschwichtigend.* Es werden ehrliche und achtbare Leute sein – gewiß – wenn auch vielleicht nicht sehr gebildet. Das stört den Papa. Du weißt ja. *Rasch abbrechend.* Aber es ist doch umso schöner von Ernst, daß er sich so hinaufgearbeitet hat. Nicht? Immer war er Vorzugsschüler, und jetzt ist er auch in der Fabrik der Fleißigste. Alle haben ihn gern. Er wird Karriere machen ... aber – erzähl *ich dir* von den Tugenden deines einzigen Ernst. Als ob du das nicht am Besten könntest!

SOPHIE *mit kindlichem Stolz.* Er ist aber auch!

MUTTER *lachend.* Ja, ja – ich weiß. – Aber ich will doch lieber erst gehn, Kind. Wenn ich dieses Tugendregister zuende anhöre, so verhungern sie zu Hause: der Papa und die Agla. Das heißt die Agla denkt wohl nicht ans Essen. Aber der Papa muß pünktlich sein Abendbrot auf dem Tisch haben, und ich habe der Köchin noch nichts herausgegeben. – *Belehrend.* Und das mußt du dir auch so einteilen. Pünktlichkeit. Das ist die Hauptsache. Um ein Uhr wird gegessen: Punkt Eins muß die Suppe auf dem Tisch sein. Um acht Uhr wird genachtmahlt – und auch mit dem Frühstück ... Na, das hab ich dir ja Alles schon zehntausendmal gesagt ... Diese alte pedantische Mutter, wirst du dir denken. Aber – es muß so sein. Wo keine Ordnung ist, ist das Geld doppelt so rund als anderswo … *Macht Anstalten zu gehn.*

SOPHIE. Nein, wart noch. Ernst muß ja gleich da sein. Er versprach um fünf zu kommen, und Ernst ist *Mit besonderer schelmischer Betonung.* eben auch ›pünktlich‹.

MUTTER. Das will ich doch gleich mal sehen. Die paar Minuten wart ich also. *Sie setzt sich auf das Ende der Couchette, Sophie neben sie.* Man weiß gar nicht, wie und wo man sitzen soll auf solch einem Ding. *Umblick haltend.* Aber trotzdem: schön ist es bei dir – so hell und heimlich. Und auch, daß ihr den kleinen Garten habt … Das ist doch tausendmal besser wie eine Hochzeitsreise, nicht?

SOPHIE *nickt.*

MUTTER. Du wärst wohl gerne fort?

SOPHIE. Weißt du – nach Venedig. Ja. Wie ich gehört hab, daß der Ernst jetzt keinen Urlaub bekommt, hat mirs eine Weile wirklich leid getan. Aber nur eine Weile. Da hab ich ja noch gedacht, wir werden in der Stadt wohnen müssen. Du hast uns ja so überrascht damit.

MUTTER. Du sollst nichts entbehren. Später sollt ihr ja hinunter, nach Italien. Ihr Schwärmer. Die Tauben auf dem Markus-Platz werden bis dahin nicht verhungert sein.

SOPHIE. Oh jetzt bin ich ja so zufrieden hier. Es ist ja so schön, und man ist doch gleich im Eigenen. Ernst meint auch: wenn man sich erst so recht eingewohnt hat.

MUTTER. Ja, das würde für mich heißen, bis die Sofas fein säuberlich an den Wänden stehn. *Sie lachen.*

Zweite Szene

Personen: Vorige und Ernst Erben.

Ernst und Sophie umarmen sich. Währenddessen beginnt die Uhr laut fünf zu schlagen. Sophie löst sich aus den Armen ihres Gatten.

SOPHIE *drollig.* Pststst!

MUTTER UND ERNST. Was ist denn?

SOPHIE. Du sollst hören, Mama. Gerade der letzte Schlag fünf. Und hier, ich habe die Ehre, dir meinen pünktlichen Gemahl vorzustellen.

ERNST. Was hast du denn?

MUTTER *Ernst die Hand reichend.* Guten Abend, lieber Ernst. Ein neues Blatt in deinem Lorbeerkranze: deine Pünktlichkeit.

SOPHIE. Jetzt hast du's bei Mama vollends gewonnen.

ERNST. Wieso?

MUTTER. Ja, mein lieber Schwiegersohn, ich habe viele gute Eigenschaften an dir entdeckt, auch, daß du nicht rauchst usw. Aber seit ich weiß, daß du pünktlich bist – ich sag dir: du kannst mich um den Finger wickeln.

ERNST. Ja – das ist kein Verdienst; das ist eine alte Gewohnheit.

MUTTER. Und *Scherzhaft.* was liegt auch an dem Beifall der Schwiegermutter. Die kommt ja ohnehin nur auf des Teufels Geheiß jeden Augenblick ins Haus...

ERNST. Das glaubst du doch selbst nicht, Mama, du weißt, wieviel wir dir zu danken haben.

MUTTER. Ach was danken. Im Glück ist man undankbar und soll es sein. Ja, ja. Aber ich muß mich eigentlich wirklich entschuldigen, daß ich schon wieder da bin.

SOPHIE *vorwurfsvoll.* Mama.

MUTTER. Nicht bei dir, bei deinem Herrn Gemahl. Und besser als alle Entschuldigung ist wohl, wenn ich mich jetzt zusammenpacke.

ERNST. Du darfst uns nicht die Ruhe wegtragen, und du kränkst mich auch, wenn du gehst, eben, da ich eintrete.

SOPHIE *drückt sie zärtlich in die Couchette zurück.* Sooo.

ERNST *holt einen Fauteuil und setzt sich vor die beiden Frauen.* Wie gehts dem Schwiegerpapa?

MUTTER. Wie immer: gut, bis auf seine Launen und seine Gicht. Die macht ihm jetzt im Frühjahr wieder mehr zu schaffen, und er ist gleich ganz klein, wenn er Schmerzen hat. Zudem weiß er nicht was anfangen, seit er nicht mehr in die Kanzlei geht. Ich kann ihm auch nicht grade was Munteres erzählen, das ihn herausreißt und aufheitert, na und ...wir sind halt beide altes Eisen.

ERNST. Darüber bin ich beruhigt. Wer so tätig ist, wie du, Schwiegermama, der kommt nicht zum Rosten. Und schließlich ist das die Hauptsache: daß man nicht rostet.

MUTTER. Ja, das mit dem Rosten wird vielleicht auch nicht mehr lange dauern. Mir mags gar nicht mehr behagen in meinen vier Mauern, seit ich bei euch alles gesehen hab. Und dann ist auch das mit der Agla.

ERNST *steht auf und geht ans Fenster.*

SOPHIE. Weis ist denn schon wieder mit ihr?

MUTTER. Immer die alte Geschichte. Ich versteh das nicht: sie liegt über Büchern den ganzen Tag, oder sie läuft auf den Gassen herum. Weiß ich warum? Entweder sie spricht gar nichts, oder so, daß ich nichts begreife. Ich frag mich: ist das so gescheit was sie sagt, oder ist es ganz Unsinn.

SOPHIE. Oh das ist ganz Unsinn.

MUTTER. Aber, das was du kennst, das war ja noch gar nichts. *Jetzt* solltest du sie hören. Seit du verheiratet bist. Ganz furchtbar ist das seither. Bis es dem Papa zuviel geworden ist, und der ist doch immer voller Nachsicht mit ihr. Und denk dir nur, das muß ich euch erzählen: Neulich sag ich ihm, er soll doch mal mit dem Kind reden, energisch, mein' ich. Wie ich nach zwei Stunden hineinkomme, sitzt euch der alte Mann da, mit leuchtenden Augen sitzt er euch da und horcht und die Agla spricht. So übertrieben wie immer. Ich glaube gar, sie hat ihm irgendeine Lehre gegeben. Ich weiß nicht, es ist etwas in dem Mädel – wenn ich mich und dich anschau – Sophie, – ich kanns gar nicht glauben, daß das meine Tochter ist. Du bist doch so vernünftig, so häuslich...

ERNST *nachlässig, vom Fenster her.* Vielleicht solltest du sie nicht so viel allein herumlaufen lassen?

MUTTER. Sag ihr das Einer. Sie will selbstständig sein.

SOPHIE. Ach was, ich war doch auch selbstständig und ihr hättet mich schön angeschaut, wenn ichs so getrieben hätte.

MUTTER. Nehm ich sie mal vor und sag ihr: Agla, das schickt sich nicht. Gut. Sie sperrt sich in ihr Zimmer ein, und bleibt drin, ganz folgsam, bis ich sie endlich bitten muß, wieder auszugehen. Wie sieht sie denn aus. Sie wird achtzehn jetzt und ist doch noch so zart. Sie muß ja an die Luft. – Wenn sie schon sonst nirgends hin will. Längst hätt ich sie einführen können. Die Verbindungen in der Gesellschaft hat man noch gehabt. Alle deine Tänzer hätten sich für deine Schwester interessiert. Das ist nun alles vorbei. Ja, das sind so Sorgen.

SOPHIE *ernst.* Sag ihr nur, ich laß ihr sagen, daß sie ein Kind ist, daß – – – sie weiß schon, was ich ihr sagen lasse.

MUTTER. Dabei sieht sie wirklich so elend jetzt aus, daß man kaum wagt, ihr was zu sagen. – Da ist halt auch noch die Stadtluft obendrein. Ich hab mir schon gedacht, jetzt, wo die Sonne Wunder tut, für zwei oder drei Tage, natürlich nur für zwei oder drei Tage irgendwo hinaus....

ERNST *sich umwendend.* Ja, – ja, *Eifrig.* das wäre vielleicht das Beste.

MUTTER. Länger könnts ja nicht sein – aber vielleicht kann sie, damit sie nicht unter Fremden ist, im Garten bei euch zwei bis drei Tage?...

SOPHIE *hastig.* Nein.

ERNST *ebenso.* Nein.

Sophie und Ernst tauschen unwillkürlich einen erstaunten Blick. Die Mutter sieht sie, verwundert über das Entschiedene des Tones, an.

ERNST *etwas verlegen hinzutretend.* Ich meine – – bei uns ist – – doch noch nicht – – –

SOPHIE. Ernst meint – unsere – Wohnung – –

MUTTER *hat sich gefaßt, lachend.* Nein, bin ich aber auch – Mit mir ist doch nichts mehr anzufangen. Einem jungen Ehepaar Gäste anzutragen. Nein, und so verrückte Gäste. Und in den ersten Flitterwochen. – – *Lachend.* Schau mal, Mäuschen, ich glaube gar dein Mann wird für dich rot. Was? oder bist du's am Ende auch – richtig. Du auch! Nein, was ihr herzig seid. Wie zum Spielen. Beide werden sie rot. *Sie liebkost Sophien.* Nun, nun – diese ungeschickte Schwiegermutter. Denkt daß zwei, drei Tage ein kleiner Verlust wären, zwei, drei Tage – eine Ewigkeit. Nein, das kommt davon: ich werde wieder jung bei euch, Kinder. Und gründlich gleich *so* jung, daß ich ganz naiv bin. – Aber so werde doch nicht schon wieder rot. Gott, Gott. Jetzt schau ich aber, daß ich fortkomm. Weiß der Himmel, was ich sonst noch anstell. Bitt dich, *Packt den Ernst zärtlich am Arm.* sie ist ganz rot. Schau zu, wie du's abwaschest ...Schau zu ...*Sie küßt Sophien rasch, zwinkert Ernst zu und geht zur Tür. Zu Ernst, der sie begleiten will.* Geh nur, ich find schon. – *Wirst du* zum Frauchen! *Lacht. Ab.*

Dritte Szene

Sophie. Ernst.

SOPHIE *steht in Nachdenken etwas verlegen da.*

ERNST *tritt herzu.* Die Mama hat recht. Nun küß mich erst mal schön.

SOPHIE *aufatmend. Küßt ihn.* Ja.

ERNST. Nicht mehr?

SOPHIE. O ja immer wieder. Hast du mich auch recht lieb?

ERNST. Richtig, davon haben wir noch gar nie gesprochen. *Küßt sie auf die Stirn.* War mein kleines Frauchen auch fleißig?

SOPHIE. Und wie. Es ist auch eine Freude mit allen diesen Dingen zu schaffen. Du, ich muß dir auch mal die Küche zeigen. Alles ist neu und blitzblank. *Zu ihm, der eine Bewegung macht.* Nein, noch nicht; Zu dieser festlichen Gelegenheit muß erst Alles ganz fertig sein. Soweit bin ich noch nicht. Die Küche darfst du nicht sehen, solange sie nicht ebenso glänzend ist, wie deine Schreibstube staubig ist. Sag mal, muß denn das so sein?

ERNST. Du vergißt, Kind, daß in unserer Kanzlei nicht so liebe Hände, wie die deinen, sondern irgend ein paar faule Diener aufräumen, welche obendrein nichts anrühren dürfen auf den Tischen.

SOPHIE. So, die dürfen nichts anrühren. Hm. Also so geheime Dinge treibt ihr dort. Weißt du, wenn ich dir nicht zu dumm bin, so nimm mich mal mit in deine graue Kanzlei und sag mir *Sie faßt ihn beim Arm.* das muß so liegen und das so und das, was du nicht sehen kannst vor lauter Staub, so...

ERNST. Du Wildfang.

SOPHIE. Nein ganz im Ernst, dann räum ich dir auf. Es ist nicht nur so. Du mußt ja auch krank werden, wenn du sowas einatmest Tag für Tag. Du siehst mir ja auch schon ganz gelb aus!

ERNST. So? Grade hat mir Jemand das Gegenteil gesagt.

SOPHIE. Der versteht gewiß nichts davon.

ERNST. Oh doch, Einer von dem du sagst, daß er Alles versteht.

SOPHIE. Geh...

ERNST. Nun?

SOPHIE. Am Ende gar der Hochwürden?

ERNST. Gleich geraten. Ich werde eifersüchtig werden auf deinen alten Lehrer.

SOPHIE *wichtig.* Hmmm! Auf *den* kannst du wirklich ein bißchen eifersüchtig sein. Das schadet dir auch sicher nicht. Wenn der Hoch würden so ungefähr um vierzig Jahre jünger war, und wenn er nicht Hochwürden war und wenn du nicht auf der Welt wärst, – hätt ich ihn gewiß geheiratet. Na – da hat doch nicht viel gefehlt?

ERNST. Nein. – Eine Kleinigkeit, die ja vielleicht auch noch auszubessern geht. Deswegen hab ich ihm gesagt, er möchte nur recht bald kommen. Ich wollt ihn gleich mitbringen.

SOPHIE *aufrichtig.* Schade –

ERNST. Er war grade unterwegs in die Stadt, hat dort irgendwas zu tun –, wollte auch zu deinen Eltern. – –

SOPHIE. Das ist lieb. Mama wird wohl gleichzeitig mit ihm zuhause ankommen. Ja ich vergeß ganz, willst du Tee – Ernst?

ERNST *aus Nachdenken heraus.* Nein, danke – – – – Aber nicht wahr, sonst kommt kein Besuch zu uns außer dem Pfarrer?

SOPHIE *zögernd.* Nein, warum fragst du?

ERNST *leichthin.* Ists nicht am schönsten allein?

SOPHIE *verschüchtert.* Oh ja – ich kann ja auch Hochwürden bitten *jetzt* nicht...

ERNST. Aber nein, Kind, ich meinte doch nur ...ich meinte nur Fremde ...nur...

SOPHIE *beunruhigt.* So.

Vierte Szene

Vorige

Ernst setzt sich auf die Couchette, Sophie geht einen Augenblick in schlecht verhehlter Ungeduld auf und nieder.

SOPHIE *bleibt vor Ernst stehen.* Ich muß dich etwas fragen.

ERNST *scheinbar gelassen.* Nun?! –

SOPHIE. Früher, wie Mama vorschlug, daß meine Schwester – herauskommen sollte – *Sie zögert.*

ERNST. Ja – *Gereizt.* nun was denn? – –

SOPHIE. Bist du böse?

ERNST *gezwungen lachend.* Nun so sag schnell was denn?

SOPHIE. Wie Mama das vorgeschlagen hat, da hast du so seltsam ›Nein‹ gesagt. So...

ERNST *mit dem Versuch zu scherzen.* Du Kindskopf. Was du auch Alles hörst. Wie kann man seltsam ›nein‹ sagen. Man sagt eben ›ja‹ oder ›nein‹. – Nun ich hab mir in Anbetracht verschiedener Umstände, die ich dir *Er zieht sie auf den Schooß.* gern näher erklären will, erlaubt, das letztere zu wählen. Du hast doch genau dasselbe gesagt?

SOPHIE *mechanisch.* Ja freilich – ich hab genau das selbe gesagt.

ERNST *ablenkend.* Nun also. Nun hab ich doch die Absolution. Hm? *Küßt sie.*

SOPHIE *abwehrend.* Nicht.

ERNST. Nun? –

SOPHIE. Verzeih, ich war so in Gedanken. Da, küß mich viel.

ERNST. Du, Kind; kannst du auch in Gedanken sein. *Küßt sie.*

SOPHIE *unter seinen Küssen, zaghaft.* Ich hab etwas auf dem Herzen, Ernst, – ich habs dir nicht sagen wollen, aber –

ERNST *wieder unruhig.* So arg wirds ja nicht sein.

SOPHIE. Arg ist es vielleicht nicht. Ich kanns nur nicht verstehen. *Sie steht von seinem Schooß auf.* Du wirst ja verstehen, was es ist. *Sie steht sinnend vor ihm.*

ERNST *schweigt. Kämpft mit einem Entschluß und reicht Sophieen dann einen Brief.* Lies das da übrigens. Das wird das beste sein.

Sophie nimmt hastig den Brief an sich, knittert ihn mit zitternden Fingern auf und liest ihn in atemloser Spannung; plötzlich beginnt sie ihn zu zerreißen, mit heftigem Haß, in kleine Fetzen, dann tritt sie die einzelnen Restchen, die zu Boden fallen, nieder, als ob es Flammen wären, – ihr Gesicht ist ganz verzerrt.

ERNST *erschrocken.* Aber, Kind, Kind.

SOPHIE *stößt seine beruhigenden Arme fort.* Und du?

ERNST. Fasse dich, Liebling. – Du siehst ja – ich war um fünf Uhr da.

SOPHIE *allmählich ruhiger werdend.* Ja, ja, du warst ja da.

ERNST. Solche Briefe, wie den da, hat mir die Agla oft geschrieben.

SOPHIE. Das ist gemein, das ist...

ERNST. Das ist krank.

SOPHIE. Die eigene Schwester. *Plötzlich in jähem Mißtrauen.* Und bist du nie, nie hingegangen, auch nicht einmal?

ERNST. Nie.

SOPHIE *ängstlich.* Geh nie hin – versprich mir.

ERNST. Ich versprech es dir. Und nun hör zu. Wir wollen jetzt ruhig darüber reden. Setz dich. *Sie sitzen nebeneinander auf der Couchette.*

SOPHIE *aufatmend.* Und du hast mich lieb?

ERNST. Sehr lieb, Sophie. Nun gieb mal acht. Alle diese wahnsinnigen Briefe, welche deine Schwester mir geschickt hat, habe ich verbrannt, die meisten ohne sie zu lesen. Das war unrecht. Wir hätten sie zusammen lesen sollen und irgend etwas dagegen tun – zusammen.

SOPHIE *in inniger Zustimmung.* Ja.

ERNST. So wäre vielleicht längst schon Alles in Ordnung. Eine Frau findet da eher das Richtige. Ich versteh solche Sachen nicht. Mir graut vor solchen Überspanntheiten. Solche Dinge sind nicht wert, daß man drüber nachdenkt, und doch stören sie einen immer wieder in der Arbeit und in allem Möglichen. Deine Schwester ist krank. Das sind ja alles Worte, die sie gar nicht versteht. Phantasieen, die gewiß mich selbst gar nichts angehen, sie kennt mich ja kaum, sondern irgend einen Traumhelden. Wenn ich mal mit ihr sprechen könnte, wäre sie wohl am schnellsten enttäuscht. –

SOPHIE *macht eine Bewegung.*

ERNST. Nein, das geht indessen nicht. Sie steckt zu tief drin. Und drum wollen wirs *so* machen. Wir wollen dagegen ankämpfen wie zwei gute Kameraden. Das heißt: Wir wollen ganz aufrichtig sein gegeneinander. Uns Alles ohne Rückhalt erzählen, was diese Sache betrifft. Willst du?

SOPHIE. Ja Alles. –

ERNST. So werden wirs zusammen durchmachen. Du kennst ja auch deine Schwester besser wie ich...

SOPHIE. Ich fürcht mich vor ihr.

ERNST. Dazu ist kein Grund da. Schau, wenn wir uns Alles sagen – was kann sie uns denn dann anhaben.

SOPHIE. Sie ist mir immer so unheimlich gewesen.

ERNST. Ach, wir werden schon mit ihr fertig werden.

SOPHIE *bange.* Und du glaubst nicht –

ERNST. Was denn?

SOPHIE. Daß sie dennoch

ERNST. ?

SOPHIE *verwirrt.* Daß sie *das* tut

ERNST. Was?

SOPHIE. Das, was im Brief steht...

ERNST. Nein, da kannst du ruhig sein, Sophie. So schnell geht man nicht ins Wasser. Das schreibt sich ja sehr schön und paßt ja auch so gut als Schlußkapitel in den Roman. Aber tun – nicht mal sagen –

SOPHIE *erschrocken.* Sagen – oh ja.

ERNST. Wieso?

SOPHIE. Sie hat mirs gesagt.

Ernst springt auf.

SOPHIE. Gott, ich hab dirs ja immer sagen wollen. Aber es war so furchtbar. Verzeih mirs. Ich – – *Sie bricht in heftiges Weinen, aus.*

Ernst geht erregt auf und nieder.

SOPHIE. Hätt ich dirs nur gleich erzählt. Aber, mir war immer: ich verlier dich, – wenn ichs sag.

ERNST *hart.* Wann wars?

Sophie ringt mit den Tränen. Ernst beschwichtigt sie ungeduldig.

ERNST. Wir wollen ja beide jetzt aufrichtig sein. Nicht? Also:

SOPHIE. Ja. *Faßt sich.* In der Nacht vor der Hochzeit. Ich war schon im Bett. Da ist sie zu mir gekommen. *Die Stimme stockt ihr vor Erregung.*

ERNST. Du hast ja doch keine Schuld dabei; bleib doch vernünftig.

SOPHIE *mühsam.* Sie ist zu mir gekommen und hat gesagt: »...Du ...du darfst ihn nicht heiraten ...ich hab ihn lieb er gehört mir...«

ERNST *bleibt stehen.* Er – gehört mir?

SOPHIE. Erst hab ich gelacht; ich hab ja doch gewußt ...Aber die Agla war so zum Fürchten. Ganz groß waren ihre Augen im Finstern, ganz wild. Mir ist schrecklich bang geworden. »Er muß mir gehören« hat sie gesagt.

ERNST *schüttelt den Kopf.* Und du?

SOPHIE. Ich? Ich weiß nicht mehr. Daß ichs der Mutter verraten würde, – daß wir uns versprochen haben, daß du mich gern hast … daß du mich sehr gern hast – lieb hast … und da – *Ernst streicht ihr, vor ihr stehend, leise das Haar.* Da ist sie fortgegangen. Und bei der Tür hat sie mit ganz anderer Stimme – ganz fremd hat sie gesagt: »Dann geh ich – dann geh ich …« *Sie klammert sich bang an Ernst.* Ich hörs noch. – Sie hat nicht mehr gesagt. Aber ich hab gefühlt, sie tuts – sie tuts. Sie geht sterben. Du, das war eine Nacht. Ich hab den Gedanken nicht los werden können: Dir ist was geschehn. Ich war am liebsten zu dir. Ich hab gebetet bis früh. Ich hab so viel gebetet. Und mir ist doch nicht leichter worden. Erst wie ich dich dann früh gesehn hab – froh und gesund …. *Sie umarmt ihn leidenschaftlich.*

ERNST *in Gedanken.* Ist das Alles?

SOPHIE *aufatmend.* Alles … Und jetzt ist es von mir. Es war immer noch auf mir gelegen. Jetzt will ich wieder froh sein, wie damals früh. *Sie umarmt ihn wieder.*

ERNST. Du Arme.

SOPHIE. Ach denk du auch nicht mehr daran. Mir ist so froh jetzt seit du's weißt. So frei.

ERNST. Ja – wir wollen nicht davon sprechen. Und nur das Eine: zusammenhalten und aufrichtig sein.

SOPHIE *steht auf.* Ja.

ERNST. Ganz aufrichtig.

SOPHIE *voll fröhlicher Zuversicht.* Bis ganz tief hinein ins Herz wollen wir uns schauen – ja?

ERNST *gerührt, auch wieder froh.* Du Liebe!

SOPHIE. Du! *Sie halten sich bei den Händen und sehen sich treu in die Augen.*

Fünfte Szene

Vorige.

ERNST. Wollen wir nicht Licht machen?

SOPHIE. Aber es ist ja schön so.

ERNST. Ich werde doch noch ein wenig arbeiten.

SOPHIE. Gönn dir doch noch eine Weile. Schau wie schön das draußen ist. Und wenn man jetzt so hinaussieht, meint man da nicht, unser Garten reicht weit, weit bis an die Türme.

ERNST *lächelnd.* Was du schwärmen kannst.

SOPHIE. Ich lerns jetzt. Zu Hause war nicht recht die Ruhe dazu – aber jetzt. Und dann: ich war auch noch nicht reif genug.

ERNST. Zum Schwärmen?

SOPHIE. Ja, man muß dazu reif sein, wenns nämlich wirklich eine Kunst sein soll. Man muß erst Jemanden sehr gern haben, so wie ich dich.

ERNST *warm.* Mein goldenes Glück bist du!

SOPHIE. Das will ich auch sein. Aber nicht »golden« – bitte. Lieber: – lebendig.

ERNST. Also mein lebendiges Glück.

SOPHIE *streicht ihm kosend durchs Haar. Übermütig.* Aber du stichst ja. Was du für kurze Haare hast. Geh!

ERNST *geht lachend ein paar Schritte zurück.* Auf einmal.

SOPHIE. Ja siehst du, das kommt schon davon, daß ich das Schwärmen lerne. Jetzt möcht ich dich so mit langen, goldenen Locken. *Lacht ausgelassen.* Aber, Ernst, einmal hast du doch auch Gedichte gemacht. Nicht wahr? Nun – du darfst mich nicht so grimmig ansehen. Ich meine vor langer, langer Zeit. So mit siebzehn? –

ERNST. Mit siebzehn? Ich will dir ganz genau sagen, Kind, was ich mit siebzehn getan hab. Wart mal: Da war ich auf dem Gymnasium und außerdem habe ich faulen Kindern Privatstunden gegeben und nachts – da werd ich wohl um paar Groschen irgendwas abgeschrieben haben, so lange Licht und Augen aushielten. Und wenn dann noch ein Stück Nacht übrig war, hab ich wahrscheinlich doch am liebsten geschlafen – statt Gedichte zu machen. *Sophie schweigt verlegen.* Ja zum Romantischsein hat mir immer die Zeit gefehlt. Es ist ganz wie mit den langen Haaren. Wer zeitig bei schlechtem Licht aufstehen muß, bleibt auch nicht lang vor dem Spiegel stehn. – Erst du hast mich ja ein wenig eitel gemacht, Kind ... – *Sophie steht immer noch in Gedanken.* Was denkst du denn?

SOPHIE. Ich muß daran denken, daß du in den Nächten abgeschrieben hast. – Aber nicht wahr – du hast doch nie – – Hunger hast du doch nie gelitten?

ERNST. Auch.

Sophie sieht ihn scheu und bewundernd an.

ERNST *traulich.* Nun, ich habs ja ohne Schaden überstanden. – Aber du siehst jetzt ein, meine Zeit war knapp. Wenn ichs so gemacht hatte, wie die meisten, wo war ich jetzt. Für mich hats geheißen, gradaus nicht rechts und nicht links schaun – immerzu. Drum hab ich mich auch so vor allen Frauenzimmern gefürchtet und auch vor dir.

SOPHIE. Wirklich?

ERNST. Du warst die Erste, an die ich hab denken müssen. Ja, du Kindskopf, du hast mich furchtbar gestört. Für dich hab ich eben Zeit finden müssen. Aber zum Schwärmen bleibt mir auch *jetzt* keine übrig. Ich seh ganz deutlich, wo unser Garten zu Ende ist.

SOPHIE *drollig.* Du Armer, sei nicht traurig deshalb. Dann kommt es noch über dich.

ERNST *belustigt.* Was du nicht sagst!

SOPHIE. Einmal kommts über Jeden.

ERNST *kurz.* Nun – ich bin zu alt dazu. – Und jetzt wollen wir Licht machen.

SOPHIE *tritt an den Spiegeltisch, auf welchem die Lampe steht:* Ja, du Ungeduldiger, ich laß dich ja schon zu deinen Plänen.

Ernst läßt sich am Schreibtisch nieder, Sophie stellt die brennende Lampe vor ihn hin, küßt ihn auf die Stirne und geht rechts ab.

Sechste Szene

Vorige.

Ernst liest in Plänen. Nach einer Weile lehnt er sich zurück, steht dann auf, öffnet den Briefkasten an der Erkertüre und entnimmt ihm Zeitungen und Briefe. Er legt alles auf den Tisch. Nur einen Brief beschaut er bei der Lampe, wirft ihn dann mit einem leisen Fluch vor sich hin und setzt sich wieder. – Pause.

SOPHIE *in der Tür rechts.* War Jemand hier?

ERNST. Nein.

SOPHIE *eintretend.* Stör ich dich, wenn ich hier im Zimmer bleibe?

ERNST. Oh nein.

Sophie kommt nach vorn.

ERNST. Du – da ist übrigens schon wieder so ein Brief.

SOPHIE *erschreckt, eilt zu ihm.* Wieder?

ERNST *ohne sie anzusehn.* Da – siehs mal durch. *Hält ihr den Brief hin.*

SOPHIE *zögert eine Weile. Dann reißt sie den Umschlag heftig auf und überfliegt den Brief, im Kreise der Lampe neben Ernst stehend, der sehr vertieft scheint. Sie liest ihn dann noch einmal und langsam ein drittes Mal, schiebt ihn zögernd in den Umschlag und legt die Hand auf Ernstens Schulter.* Ich glaube, wir müssen nicht mehr kämpfen.

ERNST *ohne aufzusehen, obenhin.* Wieso?

SOPHIE *legt den Brief auf den Schreibtisch.* Lies!

ERNST *unwillig.* Kind, ich hab wirklich keine Zeit.

SOPHIE *sicher.* Es ist der letzte.

ERNST *sieht auf.* ?

SOPHIE. Sie hat es heute getan.

Ernst lacht gezwungen auf und liest.

SOPHIE. Ganz anders. Nicht? Ganz ruhig?

ERNST *legt den Brief unwillig fort.* Ach so laß doch.

Pause.

SOPHIE *nach vorn kommend.* Ich weiß nicht, ich möchte am liebsten einen Augenblick nach Hause, zu den Eltern.

ERNST. Unsinn.

Sophie setzt sich vorn an den Rand der Couchette. Pause.

ERNST. Ich hab schon tüchtig Hunger, Kind, werden wir nicht bald nachtmahlen?

SOPHIE *ohne zu verstehen, lauschend.* Pst.

ERNST *sieht sich um.* Was ist denn?

SOPHIE. Jemand geht im Garten. Mama schickt sicher noch her.

ERNST *ungeduldig.* Ich höre nichts. – Du bist aber auch kindisch.

SOPHIE *heftig.* Pst!

ERNST *steht auf.* Keine Spur.

SOPHIE *entschieden.* Aber so hör doch: Jemand sucht die Tür. Bitte, sieh nach. *Sie steht, lauschend, auf.*

ERNST *zuckt die Achseln, holt die brennende Lampe und geht langsam zur Erkertür. Er reißt sie auf, tritt einen Schritt hinaus, in die Dämmerung leuchtend.* Ist da Jemand?

Vorhang.

Zweiter Akt

Das Wohnzimmer hat immer noch den schablonenhaften, unintimen Charakter. Nur etwas unordentlich. Fiele Dinge auf den Tischen und auf dem Spiegelschrank. Vor den Fenstern deutlich: Herbst. Ein Nebeltag. – Früh.

Erste Szene

Bühne wie im Ersten Akt, Frau Gerth sitzt vorn, Ernst steht am Fenster neben dem Schreibtisch.

MUTTER. Es war recht von dir, Ernst, daß du hast den Doktor kommen lassen. So weiß man wenigstens, woran man ist. Merkwürdig. Die Sophie war immer so gesund, ich hätt nicht gedacht, daß diese Zeit sie so arg hernehmen wird. Aber gewiß: wenn sie das überstanden hat, wird sie erst recht aufblühn. *Ernst trommelt an die Scheiben.* Du mußt wohl bald in die Kanzlei?

ERNST *sieht auf die Uhr.* Ja, gleich.

MUTTER. Es ist ein rechtes Malheur, daß du gerade jetzt so außergewöhnlich viel zu tun hast. Und nun schon durch Wochen. Wird das noch lange dauern?

ERNST *wendet sich – kurz.* Warum?

MUTTER. Du siehst nicht gut aus. Das ist kein Wunder. Es ist wirklich zu viel, was man euch aufbürdet.

ERNST. Nach dem Sommer, da giebts eine Menge Rückstände.

MUTTER. So. Ich fürchte nur jeden Tag, wenn du jetzt auch noch krank wirst...

Ernst macht eine unwillig abwehrende Bewegung.

MUTTER *steht auf, geht zu ihm und legt ihm die Hand auf die Schulter.* Schau, Ernst, ist es nicht möglich, daß du dir ein bißchen mehr Freiheit schaffst – jetzt – du hast ja ohnehin keinen Urlaub genommen?

ERNST *zögernd.* Ich fühle mich ja wirklich ganz gesund *Laut und gequält.* und ich muß arbeiten, arbeiten. – *Aufblickend.* Wirklich, Mama, ich bin ja *ganz wohl.*

MUTTER. Es ist nicht allein deshalb. *Ernst sieht sie fragend an.* Das macht nämlich auch, verzeih mir, ich bin immer ganz offen, – daß die Sophie gar so elend ist. Sie ist soviel allein. *Ernst zuckt die Achseln.* Sie braucht dich doppelt in dieser Zeit. Da will dein Frauchen gehegt und gehätschelt sein. Hat ja Schmerzen um dich. Und ist den ganzen Tag allein und kommt auf allerlei Gedanken.

ERNST *ängstlich.* Glaubst du?

MUTTER. Ja, sie beobachtet sich und grübelt zu viel. Sie sinnt auf das und dies und warum und wozu. Und zu dem kommt immer die Sorge um dich, ob alles im Hause ist, wie du es brauchst, und ob dir nichts abgeht. Sie möchte gern nach allem sehen und kann es doch nicht und weiß, daß kein Verlaß ist auf die Dienstleute. Das quält sie. Und wenn du dich so wenig um sie bekümmerst, muß sie wirklich glauben, du nimmst ihr übel, daß sie nicht hinter allem her ist. Sie *kann doch nicht.*

ERNST. Aber darum handelt es sich ja gar nicht.

MUTTER. Sie faßt es so auf und grämt sich. – Schau, der Winter ist vor der Tür. – Wenn sie so elend in die kalten Tage hineinkommt – – *Pause.*

ERNST *schauernd.* Es ist Winter, ja *Fährt sich über die Stirne, müde, wie unwillkürlich.* und sie ist im Frühling gestorben, – mitten im Frühling ... *Rasch.* oh ich muß arbeiten – viel arbeiten.

MUTTER *milde.* Laß das, Ernst. Denk nicht daran.

ERNST. Spricht er noch oft von ihr?

MUTTER. Der Vater? Er ist noch ganz gebrochen. – Das hab ich dich auch bitten wollen, – wenn du mal zu uns kommst, sprich nicht von Agla mit ihm; es greift ihn zu sehr an. Und denk selbst nicht daran. Ich hab gehofft, du hast es längst vergessen. *Pause.*

ERNST *geht zur Couchette hin, setzt sich schwer und stützt den Kopf in beide Hände.* Vergessen. Was hab ich denn zu vergessen? Ich hab ja kaum eine Erinnerung an sie. Ich hab sie ja kaum gekannt. Ich weiß ja kaum, wie sie ausgesehn hat. Ich rate ja nur: war sie blond? ja. Ungefähr. War sie klein, war sie ....? Ich rate ja nur. Ich weiß ja nichts. Ich weiß nur, daß sie für mich gestorben ist. *Er bricht in Tränen aus.*

MUTTER *tritt erschreckt hinzu.* Gotteswillen. Was ist dir denn? Du weißt doch: die Unglückliche war krank, war...

ERNST *sieht auf und schüttelt den Kopf.* Ich weiß *gar nichts.*

MUTTER *ängstlich.* Sophie ist nebenan. Sie darf nicht ahnen, daß du noch manchmal an Agla denkst.

ERNST *aufstehend.* Ah – drum muß ich arbeiten. *Er macht sich bereit, zu gehen.*

MUTTER *ruhig.* Noch eine Weile hör mich, Ernst. Du bist doch ein so nüchterner und vernünftiger Mensch, du darfst dich doch nicht hinreißen lassen von solchen Dingen.

ERNST. Ja. Ich hab mich immer so sicher gefühlt davor, so drüber hinaus ...Aber gerade deshalb. Siehst du, Mama. Ich habe immer Alles verstanden im Leben. Es hat für mich keine Wunder gegeben, nicht einmal Überraschungen. Alles war so klar. Alles war: Arbeit. Sogar meine Liebe, Sophie. Ich hab mir sie still und sicher erworben Schritt für Schritt. Und da auf einmal kommt das Eine, das ich *nicht* verstehe *Laut.* es giebt etwas, das ich nicht verstehe. Darüber komm ich nicht hinaus. Ich glaube mir nichts mehr. Ich kann mir ja nichts mehr glauben. Ich bin ja widerlegt. Ich kann von vorn anfangen.

MUTTER. Du bist nervös.

ERNST *leise.* Also dir ist es nichts Besonderes. Du meinst, das kommt so alle Tage vor. Man spricht nicht weiter darüber. Du hörst zufällig: der und der ist für dich gestorben. Du hast ihn kaum gekannt. Aber du fragst nicht danach. Was war er denn eigentlich? Wie sah dieses Leben aus, das er um deinetwillen zerstört hat; was war drinnen? Du fragst nicht. Es paßt dir so ganz in deine Erfahrungen. Es hält dir einer sein Leben hin, wie ein weißes Blatt, und bittet: schreib deinen Namen drauf. Wenn du's nicht magst – zerreißt er das weiße Blatt natürlich – vor deinen Augen – mitten durch. Das ist ja so einfach. Oh. *Schlägt mit einem Seufzer die Hände vors Gesicht.*

MUTTER. Sst! – Ernst, ich bitte dich. Du erschreckst mich. *Näher herzutretend.* Haben wir nicht früher oft in aller Ruhe darüber gesprochen? Es war doch alles gut. Du bist wirklich überreizt jetzt. Nimm dich doch zusammen. Du kommst darüber weg.

ERNST. Ja, wenn ich überm Pult bin. Oder wenn ich in der Fabrik irgendwo mit angreife, wenn ich an der Maschine stehe, und sehe, wie glatt und hart und sicher sich alles dreht. Da ist es fort. Da denk ich, so ist das Leben. Da gehör ich wieder mir – aber....

MUTTER. Und wenn du etwas auf eine alte Frau giebst, so will ich dir das beste Heilmittel sagen. Bleib mehr zu Hause. Setz dich zu Sophie. Lies ihr etwas vor, erzähl ihr etwas.

ERNST *macht eine Bewegung der Ungeduld.*

MUTTER. Glaub mir. Sie hat dich so lieb. Sie wird dirs danken. Sie ahnt ja nichts von dem, was dich quält und darfs nicht ahnen. Aber gerade deshalb kann sie dirs so leicht fortnehmen von der Seele. Denkst du denn nie daran, daß sie dir ein Leben unterm Herzen trägt, daß das eine heilige Zeit ist...

Ernst nickt.

MUTTER. Willst du denn, daß sie sich grämt, und krank wird, sehr krank....

ERNST *erschrocken.* Hat der Arzt?....

MUTTER. Sie ist so zart.

ERNST *sich aufraffend.* Ich muß jetzt fort. *Zögernd.* Aber – vielleicht mach ich mich ein wenig frei und bin in einer Stunde wieder da....

MUTTER *aufatmend.* Ich habs ja gewußt.

ERNST. Sags ihr.

MUTTER. Gleich. Wird die sich freuen. *Glücklich.* Mein lieber starker Junge. Unsereins ist doch auch über manches hinausgekommen und ist doch lang nicht aus so gesundem Holz.

ERNST *umarmt sie gerührt.* Mama!

MUTTER *Tränen zurückdrängend.* Nun, nun … geh nur jetzt rasch, damit Sophie nicht lange warten muß. Und du kommst?

ERNST *fest.* Ich versprech dirs.

Durch die Erkertüre ab.

Zweite Szene

Mutter, Sophie.

Mutter geht hin und wieder, rückt die Stühle zurecht, bürstet das Deckchen auf dem runden Tisch ab. Währenddessen tritt von rechts Sophie ein. Sie hat ein weißes lose von den Schultern fließendes Morgenkleid, ist sehr blaß und ängstlich.

SOPHIE *erschrocken.* Gott, Mama, nun räumst du gar auf. Laß mich doch.

MUTTER *sich wendend.* Das fehlte noch. Nun, wie hat mein Frauchen geschlafen?

SOPHIE *müde.* Oh wie immer. *Sie will das Deckchen weiter abbürsten.*

MUTTER. Warum nicht gar. Wirst du das lassen, du unvernünftiges .... Wirst du schauen, daß du auf dein schiefes Sofa kommst! Eigentlich hättest du gar nicht aufstehen sollen....

SOPHIE *zage.* Bin ich denn so krank?

MUTTER. Ganz wie sichs gehört gehts dem kleinen Mütterchen – nur unvorsichtig ist sie, und steigt zuviel im Haus herum und faßt zuviel an, und drum sollte sie am sichersten im Bett bleiben.

SOPHIE. Nein, nein, nur das nicht. Nur nicht im Bett bleiben.

MUTTER. Das ist ja auch nicht notwendig. Ich weiß ja, du magst viel lieber dein verrücktes Canapee. Wart, ich hol gleich ein Kissen und eine warme Decke herunter.

SOPHIE *wehrt ab.*

MUTTER. Nichts. Da ziert man sich nicht. Mein Frauchen setzt sich jetzt hier her und schaut sich die Zeitung an – *Drückt sie in einen der Fauteuils vorn und legt eine Zeitung auf den runden Tisch.* und wartet bis ich wiederkomme und ihr das Lager bereite; und dann stellen wir einen bequemen Stuhl hart an das schiefe Canapee – aber das sag ich erst bis ich komme, – für wen.

SOPHIE *nickt lächelnd.*

MUTTER. Und nur wenn sie recht brav war. *Küßt die Tochter, – rechts ab.*

Sophie sitzt eine Weile da, reglos, so wie man sie hingesetzt hat. Dann erhebt sie sich, indem sie sich mühsam an den Lehnen des Fauteuils emporstemmt, geht mit tappenden Schritten vor den Spiegeltisch, steckt sich das Haar zurecht, läßt dann die Arme in ohnmächtiger Schlaffheit herabfallen und tritt in das nahe Fenster. Draußen ist der herbstliche Park sichtbar. Der Sturm heult im Kamin. Sie schaut eine Weile hinaus, preßt dann das Tuch vor die Augen und weint leise. Pause.

MUTTER *kommt mit Kissen und Decke unter dem Arme durch die Türe rechts zurück, und sieht zuerst nach dem Fauteuil im Vordergrund, in welchem sie die Tochter zurückgelassen hat. Erstaunt.* Was – spielt das Frauchen Verstecken? *Sie wirft Kissen und Decke auf den Stuhl.* Ich will sie schon finden, ich ... Bemerkt die Tochter im Fenster; diese kommt mit mattem Lächeln nach vorn.*

MUTTER. Was das aber schon wieder ist; so nah beim Fenster! Wo die kalte Luft hereinkommt. So ein Leichtsinn.

SOPHIE. Das schadet mir nicht. Ich hab nur sehen wollen.

MUTTER. Was denn? Es ist ja häßlich draußen.

SOPHIE. Gestern war noch eine Aster in unserm Garten *Mit einer Gebärde der Hilflosigkeit.* ist schon – fort.

MUTTER. Ende Oktober. – Komm, *Während sie die Kissen schlichtet.* leg dich her, damit ich dich zudecken kann.

SOPHIE. Schon wieder liegen.

MUTTER. Du bist ja jetzt wieder eine ganze Weile auf den Beinen gewesen, hast einen großen Spaziergang gemacht bis ans Fenster, und warst leichtsinnig wie, immer. Es ist Zeit, daß du dich wieder ausruhst.

SOPHIE *folgt.* Ausruhen.

MUTTER *legt die warme, grüne Decke vorsichtig über sie.* Gut so?

SOPHIE *nickt.*

MUTTER. Soll ich dir vorlesen aus der Zeitung?

SOPHIE. Nein, danke. Das interessiert mich nicht. Es ist ja so weit von mir, alles das. Erzähl mir lieber....

MUTTER. Also – zuerst das von früher. *Rückt einen Fauteuil herbei.* Siehst du, da stell ich jetzt einen Stuhl ganz nah zu dir her. Und vorläufig setz ich mich drauf. Aber er ist nicht für mich. Vielleicht schon in einer halben Stunde sitzt wer anderer drin – rat mal wer?

SOPHIE. Bleib du nur, Mama...

MUTTER. Nein, Kind, ich muß ja nach Hause. Heute bin ich ohnehin ungewöhnlich lang ausgeblieben und der, welcher kommt, ist dir auch viel lieber.

SOPHIE *nachsinnend.* Lieber – nein...

MUTTER. Doch, doch, glaub ich. Rat nur erst mal. *Pause.*

SOPHIE *sich plötzlich aufrichtend.* Nein – nein. Er soll nicht kommen. Er soll nicht kommen. Sag es ihm.

MUTTER *erschrocken.* ?

SOPHIE. Ich mag ihn nicht sehn. Es war doch ein großes Unrecht. Es war sicher eine Sünde.

MUTTER. Wen meinst du denn, Kind?

SOPHIE *ihren Gedanken folgend.* Er hat sie begraben in geweihter Erde und hat ihr den Segen gegeben. Und er hat doch gewußt, daß sie in Sünden gestorben ist und mit Willen....

MUTTER. Du darfst deinen alten Lehrer nicht verdammen.

SOPHIE. Sie ist mit Willen gestorben.

MUTTER. Er hat Mitleid gehabt mit ihr, und sie war verwirrt.

SOPHIE *erregt.* Warum lügt ihr denn alle? Ihr wißt es doch. Die Agla war so klar wie ich und wie du, als sie ins Wasser ist ... und der Hochwürden hats auch ganz gut gewußt. Nein – ich kann, ich will ihn nicht sehen. Bitte!

MUTTER. Beruhige dich, Sophie. Er kommt auch nicht. – Ganz jemand anderer....

SOPHIE *aufatmend.* Jemand – anderer....

MUTTER *horcht.* Und ich glaube – da ist er schon.

SOPHIE *lauscht, setzt sich auf, sieht gespannt nach der Tür, – sie geht auf und Ernst stürmt hastig herein.* Ernst?

ERNST *bleibt ein paar Schritte vorher stehen.* Ah – bin ich gelaufen.

MUTTER *zu Sophie.* Nun ist das nicht eine Überraschung.

SOPHIE *verständnislos.* Ja, – warum?...

ERNST *begrüßend.* Ja – – guten Morgen, Mama, – guten Morgen, Sophie. *Küßt ihr Hand und Stirne.* Es giebt heute einmal weniger zu tun ... und da darf ich doch wohl ...? *Stockt verlegen.*

MUTTER. Nun, ich kann jetzt beruhigt gehn. Ich weiß dich jetzt in guten Händen.

SOPHIE *umarmt die Mutter sehr innig.*

MUTTER. So mein Kind. Nun schön stille daliegen! Brav sein! Und du *Zu Ernst.* sei streng mit ihr. *Sie reicht Ernst die Hand und sieht ihn fest an; sie tauschen einen Blick des Verstehens – Ernst will sie zur Türe geleiten.*

MUTTER. Bleib nur! Adieu, Kinder.

SOPHIE *nickt.* Mit Gott, Mama. *Mutter ab.*

Dritte Szene

Sophie, Ernst.

ERNST *im Begriffe sich zu setzen.* Darf ich?

SOPHIE. Wo du willst.

Pause. – Man hört den Sturm.

ERNST. Dieser Sturm hat mich heute die ganze Nacht gestört.

SOPHIE. Ja, sei doch so gut und laß mal oben nachsehen. Es muß irgendwo ein Fensterladen los sein. Es schlägt immer so gegen das Haus. Das ängstigt mich.

ERNST *will sich bereitwillig erheben.* So – ich will gleich.

SOPHIE. Dann – bis du gehst. Es ist ja nur in der Nacht. *Schauert.*

ERNST *setzt sich wieder.* Wie du meinst.

SOPHIE *zuckt zusammen.*

ERNST. Dir ist kalt, soll ich dir ein Cape...?

SOPHIE. Oh nein – das ist nur so.

ERNST. Übrigens wir werden tüchtig frieren hier – im Winter. Wir sind doch halb und halb auf dem Lande, – ganz frei von allen Seiten ...Wenn man das nicht gewohnt ist...

Pause.

ERNST. Wenn nur erst der Winter überstanden ist.

SOPHIE *seufzt.* Ja.

ERNST. Im Frühjahr wird es hier draußen herrlich sein. Wenn man einen kleinen Garten hat, kommt man dem Frühling näher, man ist – – gleichsam verwandt mit ihm...

SOPHIE *sieht ihn groß an.*

ERNST. Freust du dich auch darauf?

SOPHIE *müde.* Es ist ja schon hinter uns...

ERNST *zögernd.* Aber doch immer wieder vor uns?...

Pause.

SOPHIE *streicht ihm durchs Haar.* Du, Armer.

ERNST. Arm?

SOPHIE *ungeduldig.* Du bist doch so angestrengt die ganzen letzten Wochen. Du mußt ja müde sein.

ERNST. Das vergeht rasch.

SOPHIE *schnell.* Ja und diese kurze freie Zeit sollst du nicht hier versitzen. Nicht – hier bei mir. In der dumpfigen Krankenluft.

ERNST *wehrt ab.*

SOPHIE. Wirklich. Wozu? – Wenn du nun auch noch krank wirst. Denk nur. Geh spazieren, oder ins Kaffeehaus. Du wirst Bekannte treffen, wirst dich amüsieren. Ein gesunder Mensch gehört zu Gesunden. Das ist keine Erholung – das.

ERNST. Warum kränkst du mich, Sophie?

SOPHIE. Ich sage nur die Wahrheit; es hat ja keinen Sinn. Ich fürchte mich nicht, ich bin kein Kind. Ich kann allein bleiben.

ERNST. Das sollst du nun wirklich nicht mehr.

SOPHIE. Hat Mama das gesagt? Die Gute! Laß sie nur reden. Davon versteht sie nichts. Geh nur!

ERNST *warm.* Bitte, Sophie. *Er erfaßt ihre Hände.*

SOPHIE. Was?

ERNST. Bleiben.

Sie sehen sich einen Augenblick in die Augen. Dann stößt Sophie mit plötzlicher Heftigkeit seine Hände von sich und wendet sich ab. In tiefem Schmerze.

SOPHIE. Du denkst ja an *sie.* Jetzt denkst du wieder an sie. Warum bittest du mich?

ERNST *verwirrt.* An wen denke ich, an wen?....

SOPHIE *mit gesteigertem Zorn und Abscheu.* Geh. In deiner Kanzlei kannst du ja denken an sie, den ganzen Tag. Aber mich verschon doch. Mich verschone. *In Verzweiflung.* Siehst du denn nicht, daß du mich schändest, wenn du mit diesen Gedanken hereinkommst in mein Zimmer, daß du mich erniedrigst, daß du mich elend machst? *Sie bricht in Tränen aus.*

ERNST *ist aufgestanden.* Ich verstehe dich nicht.

Pause.

SOPHIE *hebt den Kopf; in plötzlicher Wut packt sie den Fassungslosen beim Arm und zerrt ihn zu sich, so daß er neben ihr auf der Couchette sitzt. Dann streckt sie die Hand aus.* Schau. Siehst du sie? Da. Sie sieht gar nicht so klein aus in dem grünen Kleide, was, gar nicht so wie ein Kind. Und ihre schwarzen Augen, wie die glänzen. Siehst du? Warum lächelt sie so? Du mußt es ja wissen, warum sie so lächelt? Lächelt sie immer so? Und das Haar hat sie gelöst. Sie hat so schönes, schweres, schwarzes Haar. Und so blaß ist sie und doch sind ihre Lippen ganz rot. Ganz blutrot. Sie kommt zu dir. Ganz leise. Sie ist doch gar nicht mehr wie ein Kind, – – *Ihre Stimme ist ruhiger, sie schöpft Atem und fragt müde.* Siehst du sie?

ERNST *er hat erst erschrocken auf Sophie gesehen, dann folgt er ihrer Hand und ihrem Blick und während sie die Agla beschreibt, wird sein Auge immer schauender, immer verständnisvoller, er trinkt gierig ihre Worte, fast in Verzückung, lauscht noch nach, als sie geendet hat und sagt auf ihre letzte Frage – gläubig.* Ja. *Sophie sieht erstaunt und entsetzt sein verzücktes Gesicht und macht ein paar abwehrende Bewegungen mit den Händen, ehe sie in tiefem Schmerz zusammen sinkt. Ernst starrt noch immer nach dem Phantom. Seine Züge werden dunkler und dunkler.*

Pause.

ERNST *in jäher Erkenntnis.* Oh. – *Er fährt sich mit der Hand über die Stirn.* – Ganz erwachend. Verzeih mir, verzeih!

Er umfaßt Sophieen.

SOPHIE *aus Tränen.* Nicht, nicht. Ich laß dich. Du liebst sie.

ERNST *sich über sie neigend.* Nein.

SOPHIE *immer ersterbender.* Du liebst sie.

ERNST. Ich fürchte mich ja nur so. Hilf mir, Sophie. *Schreiend.* Ich fürchte mich.

SOPHIE *richtet sich auf und schmiegt sich an ihn.* Fürchtest du dich? Ich auch. *Sie halten sich entsetzt fest.*

ERNST *vertrauend.* Hilf mir.

SOPHIE. Hilf du mir.

ERNST *beide rasch in stetem Gestehn.* Sie ist immer da, nicht wahr?

SOPHIE *nickt.* Ja immer.

ERNST *bange.* Und in der Nacht?

SOPHIE *hauchend.* Ja.

ERNST. Auch bei dir?

SOPHIE *ebenso.* Ja.

ERNST. Und sie war doch so klein?

SOPHIE. Ja.

ERNST. Und schwach?

SOPHIE. Ja.

ERNST. Und jetzt?

SOPHIE. Sie ist furchtbar.

ERNST *mit Entsetzen.* Furchtbar.

Pause.

SOPHIE. Sie hat dich gekauft. Du.

ERNST. Oh.

SOPHIE. Sie hat dich gekauft...

ERNST. Ich will nicht. Hilf mir.

SOPHIE *voll Bedauern.* Du...

ERNST. Halt mich recht fest. So. Und nun sag, was wollen wir tun?

SOPHIE *matt*. Ich kann nicht mehr.
ERNST. Kämpfen, zusammen?
SOPHIE *mutlos*. Nein.
ERNST. Also – dann – –
SOPHIE *sie tauschen einen Blick, – befreit*. Ja.
ERNST. Zusammen?
Sophie nickt. Sie umschlingen sich fest. Pause.
SOPHIE *richtet sich auf in namenlosem Entsetzen – tonlos*. Du! –
ERNST *steht auf*.
SOPHIE. Wir können nicht sterben.
ERNST. ?
SOPHIE *gläubig*. Sie ist ja *dort*.
*Ernst läßt sich schwer in den Stuhl, zu Seiten der Couchette, fallen, die Hände vor dem Gesicht. –
Pause, Sturm.*

Vierte Szene

Vorige.

SOPHIE *streicht ihm leise übers Haar.* Lieber.

ERNST *betrachtet sie – sein Aug wird immer heller.*

SOPHIE. Lieber.

ERNST. Hast du Schmerzen?

SOPHIE *mit kaum merkbarem Lächeln, schüttelt den Kopf.*

ERNST. *Es* wird uns retten.....

SOPHIE *leise, innig.* Vielleicht.

Vorhang.

Die weisse Fürstin

Szene

Die Hinterbühne:
Eine fürstliche Villa (gegen Ende des XVI. Jahrhunderts.) Auf offener Loggia von fünf Bogen ein ein-
faches, geschlossenes Pilastergeschoß. Davor eine von Statuen eingefaßte Terrasse, von der sich eine Trep-
pe mit breiten Stufen nach dem Garten niederläßt. Im Hintergrunde, hinter der Villa: der Park.

Die Mittelbühne:
Der Garten; Lorbeerbüsche, Maulbeerbäume und in der Mitte, auf die Treppe zu, eine Platanen-
Allee. Vorn links: eine Steinbank mit Kissen und die Bildsäule einer vielbrüstigen Göttin.

Die Vorderbühne:
Steiniger Strand (mit Landungssteg) und das Meer, welches von der Seite des Zuschauers her gegen
die Szene wogt, in gleichmäßig landender Bewegung. – Die Villa spiegelt den Himmel und die Weite
des Meeres.

Figuren:
Die weiße Fürstin. Ihre Schwester Monna Lara. Der Haushofmeister Amadeo. Zwei Mönche
in schwarzer

Maske. Ein Bote.
DIE WEISSE FÜRSTIN *sie lehnt vorn auf der Steinbank. Sie trägt ein weiches, weißes Gewand.*
In ihren Augen ist Warten und Lauschen. Pause.
AMADEO, DER ALTE *in schwarzer Haustracht, ernst. Er neigt sich tief.*
Der Fürst ist fort.
DIE WEISSE FÜRSTIN *senkt leise die Stirne.*
Pause.
AMADEO, DER ALTE.
Und was gebietet Ihr?
Pause.
DIE WEISSE FÜRSTIN *in Gedanken.*
Es ist zum erstenmal, daß uns der Fürst verläßt,
nicht wahr?
AMADEO, DER ALTE.
Zum erstenmal seit Eurem Hochzeitsfest.
DIE WEISSE FÜRSTIN.
Und das ist lange.
AMADEO, DER ALTE.
Es ist das elfte Jahr seit wir das Tor geschmückt
Euch zum Empfange.
Pause.
DIE WEISSE FÜRSTIN.
Man muß nicht denken, daß das viele sind.
Ich war ein Kind.
AMADEO, DER ALTE.
Ich kann mich noch entsinnen;
der Kranz schien viel zu früh für Euer Haupt –
Er zögert ängstlich.

aber aus Kindern werden Königinnen...
DIE WEISSE FÜRSTIN.
Ja, wenn man ihnen alle Rosen raubt
und alle Mythen
und mit den reifenden Orangenblüten
die Stirn umlaubt,
bis sie die Schatten glaubt, die kalt
vom frühen Brautkranz auf sie niederrinnen:
dann werden aus den Kindern – Königinnen.
Pause.
Sie erhebt sich, lebhafter.
Der Fürst nahm viele Diener in den Wald?
Rasch.
Send alle fort, mach mir die Säle leer,
daß keiner mir begegne in den Gängen;
denn mir soll sein, als käm ich heute her
zu singen und die Säulen zu umwinden
mit Fruchtgehängen
dichtgefügt und schwer.
AMADEO, DER ALTE.
Befehlt, ich werde einen Vorwand finden
und das Gesinde in die Winde streun;
ich aber darf wohl Euern Tag betreun?
DIE WEISSE FÜRSTIN:
Nein. Geh auch du. Mir ist, du wolltest längst
nach Pietrasanta, deine Enkel sehn.
Heut solls geschehn.
AMADEO, DER ALTE.
Ihr wißt so gütig meiner zu gedenken...
DIE WEISSE FÜRSTIN.
Ich bin nicht gut. Ich kann dich nur beschenken,
weil du mit gleicher Freiheit mich beschenkst.
Und weil du so an Monna Lara hängst,
so nimm sie mit zu deinen klugen Kleinen.
AMADEO, DER ALTE.
Das ist ein Goldenes, das Ihr mir gönnt.
DIE WEISSE FÜRSTIN.
Und dann vergeßt nicht: Seide nehmt und Leinen
aus meinen Schränken
mit, so viel Ihr könnt.
AMADEO, DER ALTE.
Ihr macht uns reich.
DIE WEISSE FÜRSTIN.
Könnt ich Euch sorglos machen!
Wer hat denn Zeit – das Leben ist so viel –,
an Not zu denken, an die kleinen Sachen,
da doch in uns die großen Dinge wachen.
Man soll nicht weinen und man soll nicht lachen;
hingleiten soll man wie ein sanfter Nachen
und horchen auf des eignen Kieles Spiel.
Pause.
Verzeiht, ich rede aus Gedanken. Seht,

die sind in mir so seltsam aufgeschichtet,
so Jahr um Jahr. Wie einer, welcher dichtet,
und einer, der sehr alt ist, das und das
in seinem Innern findet. – Aber geht,
und wenn Ihr wiederkommt, erzählt mir was,
woran ein Kind sich freuen kann. Es steht
Euch Freudiges bevor. Vielleicht auch mir.
Wir wollen aneinander denken.
AMADEO, DER ALTE *verneigt sich tief.*
Er geht durch die Platanen-Allee auf das Haus zu und quer über die Terrasse.
Pause.
DIE WEISSE FÜRSTIN *tritt ganz an den Rand der Küste. In ihren Augen ist das Meer. Sie hebt langsam die Arme und hält sie eine Weile weit ausgebreitet.*
Pause.
MONNA LARA *kommt von der Terrasse her.*
Sie trägt ein hängendes Kleid aus verblichenem Blau.
Leise legt sie den Arm um die Fürstin.
Sie schauen beide aufs Meer.
Pause.
MONNA LARA *leise.*
Laß mich bei dir.
Pause.
DIE WEISSE FÜRSTIN.
Du liebst doch Kinder, nicht?
MONNA LARA.
Ich liebe dich.
Kleine Pause.
DIE WEISSE FÜRSTIN.
Du weißt nicht, wer ich bin.
MONNA LARA *wendet das Haupt und sieht der Schwester ins Gesicht.*
DIE WEISSE FÜRSTIN.
Du Kind...
MONNA LARA.
Ob wir im Traum
nicht manchmal älter sind?
Da sah ich dich. Da warst du wie ein Baum.
Du standest einsam und so jung von Grün
und warst von einem Abend angeglüht.
Und ich ging hin und kam ganz nah
und sah und sagte laut: Du hast noch nicht geblüht.
Und fragte dich: Wann wirst du blühn?
DIE WEISSE FÜRSTIN *nimmt ihre beiden Hände.*
Leise.
Nun stell dir vor, der Traum ist nicht vorbei.
Sei tief im Traum, du Schlafende. Es sei
dein Traum und meiner. Hast du oft geträumt,
so weißt du auch, wie unberechenbar
der Traum uns trägt. Er wendet sich, er bäumt
sich auf und er ist voll Gefahr.
Er rennt und jagt, dann wieder steht er still
und will nicht weiter; und er zittert so
wie Pferde zittern, wenn von irgendwo

genau derselbe Reiter noch einmal
entgegenkommt, genau dasselbe Tier,
derselbe Herr darauf, verzerrt und fahl –.
So, nicht wahr, ohne Absehn träumen wir.
Du weißt, im Traume kann so vielerlei
geschehn. Und es kann so verwandelt sein.
Wie eine Blume lautlos schläfst du ein,
und du erwachst vielleicht in einem Schrei...
MONNA LARA.
Doch Traum ist Traum. Das kommt und das vergeht.
Und wenn es Morgen ist, so glänzt das Haus
und alle Träume sehen anders aus...
DIE WEISSE FÜRSTIN.
Und sind doch ewig in uns eingewebt.
Bedenk, ist irgend Leben *mehr* erlebt
als deiner Träume Bilder? Und mehr dein?
Du schläfst, allein. Die Türe ist verriegelt.
Nichts kann geschehn. Und doch, von dir gespiegelt,
hängt eine fremde Welt in dich hinein.
Pause.
So lag ich oft. Und draußen war ein Wandern,
da nahte, da entfernte sich ein Schritt;
mir aber wars der Herzschlag eines andern,
der draußen schlug und den ich drinnen litt.
Ich litt ihn, wie ein Tier den Tod erleidet,
ich konnte keinem sagen, was mir war.
Aber am Morgen kämmten sie mein Haar,
und immer wieder ward ich angekleidet
für einen Tag –; mir schien es für ein Jahr.
Mir war, als ob das ganze Leben stände,
solang ich wachte; alles was geschah
fiel mir vorbei den Träumen in die Hände –
jetzt aber weiß ich: es ist dennoch da.
Die Welt ist groß, doch in uns wird sie tief
wie Meeresgrund. Es hat fast nichts zu sagen,
ob einer wachte oder schlief, –
er hat sein ganzes Leben *doch* getragen,
sein Leid wird dennoch *sein,* und es verlief
sein Glück sich nicht. Tief unter schwerer Ruh
geschieht Notwendiges in halbem Lichte,
und endlich kommt, mit strahlendem Gesichte,
sein Schicksal dennoch auf ihn zu.
MONNA LARA.
Ich weiß nicht, Schwester, was du sagst. Ich seh
dich nur. Es tut mir alles weh
von dir. Du bist so schwer.
Und doch will ich mehr von dir wissen.
Ich will eine Nacht auf deinem Kissen
schlafen. Ich will am Morgen dein warmes
Haar kämmen – drei Stunden – solang meines Armes
Kraft ist. Ich will dir dienen.
DIE WEISSE FÜRSTIN.

Du bist mir nie so erwachsen erschienen.
MONNA LARA.
Ich will mit dir weinen –
DIE WEISSE FÜRSTIN.
Ich weine nicht. Ich denke an Einen.
MONNA LARA.
Denkst du ihn klar?
Ich möchte so gerne an einen denken,
aber ich kann mich in keinen versenken;
jeder zerfließt mir so sonderbar.
DIE WEISSE FÜRSTIN.
Ich fühle ihn klarer Jahr um Jahr.
Er hat dich einmal an der Hand gehalten,
(da warst du klein.)
Dir war er Gestalt unter großen Gestalten,
mir war er nicht mein.
Aber in einer Nacht, in der einen,
da ich lange und ungestillt
weinte, da bildete sich sein Bild
aus meinen Händen unter dem Weinen.
Und seither wuchs es in mir heran
wie Knaben wachsen;
und ist ein Mann.
MONNA LARA.
Das kann also sein: daß man tief vergißt,
um tief zu gedenken...
DIE WEISSE FÜRSTIN.
Wir sind des Falles
entfernter Dinge dämmernder Schacht –
MONNA LARA.
Und meine Tage? Und Nacht um Nacht?
Und ich soll warten? – Gott, wie ist alles
lange und langsam, was Leben ist.
DIE WEISSE FÜRSTIN.
Du liebe kleine Schwester, sei nicht bange;
bedenke, das ist alles unser Traum;
da kann das Kurze lang sein, und das Lange
ist ohne Ende. Und die Zeit ist Raum.

Sie nimmt Monna Laras Haupt in ihre beiden Hände und küßt ihre Stirne mit langer milder Zärt-lichkeit. Amadeo, der Alte, der seit einer Weile in der Allee gestanden hat, kommt vorsichtig näher; er verneigt sich.

AMADEO, DER ALTE.
Frau Fürstin –
DIE WEISSE FÜRSTIN.
Seid Ihr noch nicht fort?
AMADEO, DER ALTE.
Verzeiht.
Zum Aufbruch waren wir bereit,
da kam ein Bote in verstaubtem Kleid
mit einem Brief; jetzt wartet er im Saal.
DIE WEISSE FÜRSTIN.
Ich will ihn sehn.

AMADEO, DER ALTE *verneigt sich.*
DIE WEISSE FÜRSTIN.
Und Monna Lara wird ein andres Mal
zu Euren blonden Enkeln Euch begleiten.
MONNA LARA *zu Amadeo.*
Wir wollen einmal früh hinüberreiten
an einem Sommermorgen, Ihr und ich;
mein alter Freund, heut grüß ich sie vom weiten,
ich bin zu traurig und zu feierlich...
AMADEO, DER ALTE *verneigt sich tief. Geht in das Haus.*
MONNA LARA *nachdenklich lächelnd.*
Zu feierlich für Kinder. Und doch Kind.
Nicht wahr? Was sonst. Etwas verwandelt sich,
etwas fällt ab von mir. Doch es beginnt
noch nicht das Nächste. Meine Hände sind
Zugvögel, die zum erstenmal das Meer
hinüberfliegen; da ist keine Stelle.
Und sie versuchen, die und jene Welle
zu merken für den Weg der Wiederkehr –
DIE WEISSE FÜRSTIN *nimmt ihre beiden Hände und betrachtet sie.*
Sie scheinen sich allein; doch fliegen Schwärme
desselben Weges zu den heißen Hügeln;
der Himmel liegt auf Millionen Flügeln.
Und alle kommen in die große Wärme.
Indessen ist der Bote schnellen Schrittes in der Allee näher gekommen; da Monna Lara ihn gewahrt,
macht sie sich frei und sieht ihm entgegen. Plötzlich, wie in Angst.
MONNA LARA.
Soll ich hineingehn? Bist du gern allein?
DIE WEISSE FÜRSTIN.
Nein. Wenn du gehst, so gehst du nur zum Schein.
Denn was bedeutet es, geht Baum nach Baum
an dir vorbei. Das, was du bist, das rührt sich kaum.
Du bist nicht fort, und ich bin nicht allein.
Der Bote geht auf die Fürstin zu und reicht ihr einen Brief.
Er geht hierauf bis an den Anfang der Allee zurück.
Die Fürstin öffnet ihn und reicht ihn, ohne zu lesen, Monna Lara; sie lächelt.
DIE WEISSE FÜRSTIN.
Ich weiß die Botschaft. Lange. Aber lies.
MONNA LARA *sie liest aufmerksam, fast angestrengt.*
Und wenn du winkest ... Was bedeutet dies?
DIE WEISSE FÜRSTIN.
Daß ich allein bin. Daß ich hier gebiete.
Daß seine Barke landen kann am Strand.
Und daß ich einen, welcher uns verriete,
erwürgen würde: hier, mit dieser Hand.
MONNA LARA *staunend.*
So soll er kommen, heute, her? Am Parke
hier wird er landen, wirklich, wie ein Gast?
DIE WEISSE FÜRSTIN.
Hast du das nicht gewußt?
MONNA LARA.
Es war mir fast,

als ginge heute etwas auf uns zu.
Mit plötzlicher Bewunderung.
Du Liebliche, du Wundersame, Starke.
DIE WEISSE FÜRSTIN *in Gedanken.*
Er schickt noch einen Brief, das große Kind.
Er muß noch schreiben, dieser liebe Knabe:
›Schau her, ich komme‹ .. Ist mein Blut denn blind?
Und *noch* ein Bote. Hundert Boten habe
ich heute schon empfangen. Duft und Wind,
Gesang und Stille, fernes Wagenrollen,
ein Vogelruf, und du, dein Bleibenwollen –
was war nicht Bote? Wieviel Boten stehn
vor meinem Herzen, – gehn mir im Gehöre
und drängen sich in meinen Adern – ach!
Und er besorgt noch, daß ich ihn verlöre.
MONNA LARA.
Ich kann verstehen, daß er tausendfach
sich sichern will. Wenn etwas noch geschähe,
wenn ein Geschick sich wendete und drohte, –
o welche Angst ist diese große Nähe
von Kommendem...
DIE WEISSE FÜRSTIN.
Der Bote.
Er wartet noch, und wir vergessen ihn.
Sie winkt. Der Bote tritt herzu und verneigt sich.
Ihr sollt Euch stärken, Freund. Die Sonne schien
auf Euren Brief. Der Weg war weit und heiß.
Ihr seid aus Lucca?
DER BOTE.
Wie Ihr sagt.
DIE WEISSE FÜRSTIN.
Ich weiß.
Wie steht es in der Stadt?
DER BOTE.
Erlauchte Frau,
grau ist die Stadt. Wie dieser Staub so grau.
Sie steht, als stünde Frohes nicht bevor.
Sie war ganz ohne Stimme, nur am Tor,
da rauften sich die Wachen, da ich ging,
und schrien mich an und fielen nach mir aus.
Ich dankte Gott, daß ich mich nicht verfing
in dieses Hauen. Heil kam ich heraus –
DIE WEISSE FÜRSTIN *läßt sich vorn auf der Bank nieder; während des Folgenden hört sie immer weniger auf die Worte des Boten und versinkt in sich selbst, mit weiten Augen hinausschauend aufs Meer.*
Und wandertet, vermut ich, voller Mut
und heil des Weges? War der Weg denn gut?
DER BOTE.
Der Weg war gut, erlauchte Frau. Er bot
zwar wenig Schatten. Aber das war besser
als durch die Dörfer kommen. Wie durch Messer
so ging man durch den Aufschrei ihrer Not.

Da ist der Tod, erlauchte Frau, der Tod.
Ich sah ein Haus, in seiner Türe schrie
ein schwangres Weib und riß sich an den Haaren.
Und viele Frauen, die nicht schwanger waren –
das macht die Angst, so denk ich – schrien wie sie.
Und da und dort ging einer mir vorbei
und griff auf einmal so ins Ungewisse
und biß die Luft, und plötzlich durch die Bisse
des blauen Mundes drängte sich ein Schrei.
Ein Schrei, das sagt man so, wer läßt sich stören?
Ich habe viele Männer schreien hören,
und es kam vor, ich habe selbst geschrien;
doch niemals hört ich einen schrein wie ihn.
Ja, es gibt Dinge, die man nicht vergißt: –
da war die Angst, die in den Tieren ist,
die Angst von Weibern, wenn sie irre kreißen,
die Angst von kleinen Kindern war darin, –
und das ergriff ihn, und das warf ihn hin,
und das war so, als müßt es ihn zerreißen.
MONNA LARA *die den Boten starr ansieht, tritt scheu an die Bank zurück. Sie zwingt sich zu*
sagen.
War das in San Terenzo, was Ihr saht?
DER BOTE.
Nein, edles Fräulein. In Vezzano war es.
In San Terenzo war es still. Ich trat
in eine Kirche ein und bat
im Lichte eines einzigen Altares
um gute Reise. Ich war ganz allein.
Doch in Sarzana, in der Kathedrale,
da sangen sie. Was sag ich, singen? Nein,
auch das war Schreien: wie mit einemmale
an Siebenhundert und die Orgel schrien.
Sie knieten, Fräulein. Ihre Hälse waren
wie Stengel vom Rhabarber, stimmenstrotzend.
Die Augen waren bei den Männern glotzend,
wie Munde offen, bei den Frauen zu.
Sogar die Kinder hatten keine Ruh:
wie lange Hälse streckten sie die Arme
und hielten sie wie einen zweiten Mund
aus dem Gedränge, aus dem warmen Schwarme;
erbarme! brüllten sie, erbarme! Und:
erbarme! donnerte im Hintergrund
der breite Bischof vor dem Hochaltare
das Tabernakel an, so daß die klare
Monstranz erzitterte und schien, als sende
sie Blicke aus. Sie aber schrien, es war
als zöge Gott sie an dem obern Ende
der langen Stimmen wie an langem Haar.
Und als ich mich zwischen die andern schob,
empfand ich (noch empfind ichs an den Sohlen),
daß sich die ganze Kathedrale hob –
und wieder senkte, wie ein Atemholen. –

Das war ein Wunder. Wunder tun uns not.
Ihr habt das nicht gesehen, wie der Tod
da kommt und geht, ganz wie im eignen Haus;
und ist nicht *unser* Tod, ein fremder, aus…
aus irgendeiner grundverhurten Stadt,
kein Tod von Gott besoldet…
DIE WEISSE FÜRSTIN *sieht plötzlich auf.*
Tod? Was hat er da gesagt?
MONNA LARA.
Ich bitte dich, befiehl ihm, daß er ginge.
Mir graut vor ihm, er redet solche Dinge –
DER BOTE.
Ein fremder Tod, sag ich, den keiner kennt,
er aber ist bekannt mit einem jeden…
DIE WEISSE FÜRSTIN *sieht Monna Laras Angst.*
Verzeih, ich ließ ihn immer weiter reden,
mir klangs von ferne wie ein Instrument.
Sie gewahrt, daß Monna Lara in ihrer Erregung den Brief, den sie immer noch hielt, ganz zerrissen hat.
Lächelnd.
Und sieh, mein Brief…
MONNA LARA *erschrickt.*
DIE WEISSE FÜRSTIN *ohne Vorwurf.*
So leben deine Hände
für sich allein –
Zum Boten.
Mein guter Freund, es wohnt
im Meierhofe mancher Mann; der stände
Euch besser zu Gehör, daß es sich lohnt.
Hier sind nur Frauen und sind ungewohnt
so ernsthaften Gespräches. Ihr verschont
uns sicher gern, vor allem dieses Kind.
DER BOTE *tritt zurück und verneigt sich.*
Verzeiht, erlauchte Frau, ich war wie blind,
daß ich nicht sah, wie es dem Fräulein schadet.
Es riß mich mit, wie schön die Worte sind.
Doch wenn Ihr mich zu *einem* noch begnadet,
so laßt michs sagen.
DIE WEISSE FÜRSTIN.
Wenn es mild ist, sprecht.
DER BOTE.
Ihr seid so unbewacht. Das ist nicht recht.
Der Park ist offen wie des Herrgotts Land,
und hier am Strande kann ein jeder gehen.
Da denk ich mir, verzeiht, es kann geschehen,
daß diese Hunde kommen; nah von hier
gehn sie schon um. Da sah ich ihrer vier
raubvogelhaft vor einem Haus gespenstern;
sie warten überall und dauern aus,
und winkt man ihnen furchtsam aus den Fenstern,
so kommen sie und holen aus dem Haus,
was Totes da ist: Kinder, Männer, Frauen, –

sie nehmen alles, ohne Unterschied.
Man sagt, daß sie auch nach den Kranken schauen;
doch *wie* sie schauen? Ja, weiß Gott, man sieht
nicht ihr Gesicht. Es geht ein kaltes Grauen
von ihnen aus. Ich könnte keinem trauen.
Das, was sie tun, mag ja barmherzig sein
und christlich gut: sie sorgen für die Toten
und tragen sie heraus, so ists geboten,
was aber tragen sie ins Haus hinein?
Und wenn sie draußen stehn im Feuerschein,
und wenn von ihren hohen Leichenhaufen
aus Rauch und Schauder sich die Flamme hebt,
dann gehn sie in dem Feuer aus und ein.
Es ist, als hätte, wer noch lebt,
die Pflicht, sich von den Brüdern freizukaufen...
DIE WEISSE FÜRSTIN.
Das müßt Ihr tun, mein Freund; das Lösegeld
will ich Euch morgen senden. Bleibt zur Nacht
im Meierhofe, dort seid Ihr bewacht
und könnt geruhig schlafen und der Welt
erhalten bleiben. Geht in Gottes Namen.
DER BOTE.
Dank und Vergebung, sehr erlauchte Damen,
für meine lästige Beredsamkeit.
Es tut in dieser wunderlichen Zeit
so gut, zu sprechen von der Dinge Lauf.
Dank, und vergeßt nicht, stellet Wachen auf.
besser ist besser; sie sind wie die Kletten
und hängen sich an einen an und betten
den Scheiterhaufen auf, so daß man denkt,
es bliebe einem selber nicht geschenkt,
darauf zu schlafen.
DIE WEISSE FÜRSTIN.
Nun, für diesmal mag
Euch noch ein andres Bette wärmen. So.
Nun, hoff ich, seid Ihr auch getrost und froh,
und schlaft Euch Mut zu einem Heimkehrtag.
DER BOTE *verneigt sich tief und geht durch die Allee ab.*
MONNA LARA *die ganz reglos dagestanden hatte, bricht plötzlich in Weinen aus. Die Fürstin
zieht sie neben sich auf die Bank, und sie legt ihr weinendes Haupt in den Arm der Schwester.*
DIE WEISSE FÜRSTIN.
Mein liebes Kind, bist du erregt? Du mußt
nicht bange sein; das ist Geschwätz, geschart
um feige Furcht, geringe Redensart –
MONNA LARA.
Ich habe alles dieses nicht gewußt...
Nun kommt auf einmal alles über mich,
nun bricht es über mich herein, und ich,
ich ahne jetzt erst, daß das Leben droht.
Daß das nicht Leben war, das sanfte Sein,
das sich mir bot, –
wer lebt, ist traurig, hilflos und allein

mit sich, mit Sorge, Angst, Gefahr und Tod.
DIE WEISSE FÜRSTIN.
Und wenn ers wäre, meine Freundin, sieh, –
wenn er es ist, wie ich es bin seit Jahren,
glaubst du, die Tage, welche trostlos waren,
dürften mir fehlen in der Melodie
der großen Freude, die ich heute trage?
Sie sagen: Tod, – doch hör, wenn ich es sage:
Tod – ist es dann nicht wie aus anderm Klang?
Nur ausgelöst, vereinzelt macht es bang.
Nimm sie im ganzen – alle, als das Deine
die vielen Worte, nimm sie in Gebrauch: –
nur wo sie alle bis ins Ungemeine
und Große wachsen, wächst das eine auch.
MONNA LARA.
Doch nicht um Worte handelt sichs: sie sterben.
Sie sterben, viele. Jetzt und jetzt und jetzt.
Sie ringen noch, sie hoffen bis zuletzt;
noch wenn der Tod die Finger angesetzt,
um sie zu würgen, hoffen sie, gehetzt
von ihrer Angst.
Monna Lara sieht ratlos um sich. Es entsteht eine Stille; die Fürstin schüttelt leise das Haupt.
MONNA LARA *horchend.*
Und jetzt!
Sie wirft sich der Fürstin zu Füßen, flehend mit ringenden Händen.
O laß uns helfen! Laß uns weiches Linnen
aus deinen Schränken nehmen für die Betten,
und was bereit war für die Wöchnerinnen
an Binden, Hemden, Salben, Amuletten.
Die dichten Tropfen und die leisen Öle,
die Elixiere für das trübe Blut –
o irgend etwas, das in ihrer Höhle
noch niemals war und das ein Wunder tut.
Warum geschieht kein Wunder? Daß ich wüßte,
mit welchem Wort ich *Dich* erreichen kann:
Maria! Warum rührst *Du* sie nicht an?
Wo ist Dein Mund, der *Jesu* Wunden küßte?
Ekelt es Dich? Und willst *Du* nicht geruhn,
ein Wunder an den Stinkenden zu tun, –
so tu's an mir: Gib Milch in meine Brüste,
daß ich sie tränke...
Monna Lara hat sich knieend zurückgeworfen und hält mit beiden Händen ihre Brüste hin, als war-
tete sie, daß sie sich füllen sollten. So bleibt sie eine
Weile, ihre Spannung steigert sich, bricht ab, und sie fällt vornüber der Fürstin in den Schooß.
DIE WEISSE FÜRSTIN *sie streicht der Knieenden sanft, beruhigend über das Haar und spricht,*
über sie geneigt, leise, eindringlich.
Wir wollen das Unsrige zu dem Ihren tun. Wir wollen
die Falten in ihren weichen Lagern glätten, so daß
sie es hätten wie die Kinder der Reichen. Wir wollen
ihnen zureden wie Tieren, daß sie sich nicht scheuen,
und selbst alle Scheu verlieren ihretwegen. Ich will
mich zu denen legen, die frieren. Ich will die Stirnen

der Sterbenden halten. Ich will die Alten reinigen,
und ihnen die Bärte über die Decken breiten. Heiter
will ich zu den Kindern hinüberschauen und die
Frauen erleichtern, und ihre blauen Nägel und ihr
Eiter soll mich nicht schrecken. Und ich will für die
Toten sorgen –
Pause.
MONNA LARA *hebt das Haupt. Sie ist ganz ruhig, fast nüchtern.*
DIE WEISSE FÜRSTIN *über sie fortschauend, zögernd.*
Von morgen an wird das mein Tagwerk sein –
und meiner langen Nächte Werk.
MONNA LARA.
Von morgen?
DIE WEISSE FÜRSTIN.
Von morgen, Schwester. Heute bin ich sein,
des Kommenden.
Wie seiner Väter Erbschaft
ihm zugefallen, reich für ihn allein.
Selbst mein Gemahl hat mich für ihn bewahrt;
mit seiner Wildheit übergroßem Jähzorn,
dem keiner wehren könnte, wenn er tobt,
hielt er in Bann der Andern Wort und Art:
der Edelleute, Dichter und des Herzogs.
Pause.
So blieb ich Braut. Dem Weitesten verlobt.
*Monna Lara hat sich während der letzten Worte erhoben; sie steht steif und hilflos, fast puppenhaft
vor der Fürstin und spricht mit seltsam tonloser Stimme.*
MONNA LARA.
Und dein Gemahl, der Fürst, lag nie bei dir?
Pause.
Die Fürstin aufs Meer hinausblickend.
DIE WEISSE FÜRSTIN.
Er lag bei mir.
Sie erhebt sich; Monna Lara tritt scheu vor ihr zurück.
Wenn abends die Musik
ihn sänftigte, so daß er nichts verlangte,
so bot ich ihm mein Bett. Sem Auge dankte
mir lange. Seine harte Lippe schwieg.
So schlief er ein. Und mir war gar nicht bange.
Nachts saß ich manchmal auf und sah ihn an,
die scharfe Falte zwischen seinen Brauen,
und sah: jetzt träumte er von andern Frauen
(vielleicht von jener blonden Loredan,
die ihn so liebte) – träumte nicht von mir.
Da war ich frei. Da sah ich stundenlang
fort über ihn durch hohe Fensterbogen:
das Meer, wie Himmel, weit und ohne Wogen,
und etwas Klares, welches langsam sank;
was keiner sieht und sagt: Monduntergang.
Dann kam ein frühes Fischerboot gezogen
im Raum und lautlos wie der Mond. Das Ziehn
von diesen beiden schien mir so verwandt.

Mit einem senkte sich der Himmel näher,
und durch das andre ward die Weite weit.
Und ich war wach und frei und ohne Späher
und eingeweiht in diese Einsamkeit.
Mir war, als ginge dieses von mir aus,
was sich so traumhaft durch den Raum bewegte.
Ich streckte mich, und wenn mein Leib sich regte,
entstand ein Duft und duftete hinaus.
Und wie sich Blumen geben an den Raum,
daß jeder Lufthauch mit Geruch beladen
von ihnen fortgeht, – gab ich mich in Gnaden
meinem Geliebten in den Traum.
Mit diesen Stunden hielt ich ihn.
Pause.
Es gab
auch andre Stunden, da ich ihn verlor.
Wenn ich drin wachte und *er* stand davor,
vielleicht bereit, die Türe einzudrücken, –
dann war ich Grab: Stein unter meinem Rücken
und selber hart wie eine Steinfigur.
Wenn meine Züge einen Ausdruck hatten,
so war das nur der Ampel Schein und Schatten
auf einer inhaltlosen Meißelspur.
So lag ich, Bild von einer welche war,
auf meines Lagers breitem Sarkophage,
und die Sekunden gingen: Jahr und Jahr.
Und unter mir und in derselben Lage
lag meine Leiche welk in ihrem Haar.
Pause.
Monna Lara tritt zur Fürstin und umfaßt sie leise.
DIE WEISSE FÜRSTIN.
Sieh, so ist Tod im Leben. Beides läuft
so durcheinander, wie in einem Teppich
die Fäden laufen; und daraus entsteht
für einen, der vorübergeht, ein Bild.
Wenn jemand stirbt, das nicht allein ist Tod.
Tod ist, wenn einer lebt und es nicht weiß.
Tod ist, wenn einer gar nicht sterben kann.
Vieles ist Tod; man kann es nicht begraben.
In uns ist täglich Sterben und Geburt,
und wir sind rücksichtslos wie die Natur,
die über beidem dauert, trauerlos
und ohne Anteil. Leid und Freude sind
nur Farben für den Fremden, der uns schaut.
Darum bedeutet es für uns so viel,
den Schauenden zu finden, ihn, der sieht,
der uns zusammenfaßt in seinem Schauen
und einfach sagt: ich sehe das und das,
wo andere nur raten oder lügen.
MONNA LARA.
Ja, ja, das ists. Ein solcher muß es sein,
sonst wird das namenlose Bild zu schwer.

Kleine Pause.
Dir kommt er heut...
Kleine Pause.

Wie aber konntest du's
so lange tragen? Ich vermags kaum mehr.
Wenn ich mir denke, daß ich noch ein Jahr
herumgehn soll mit unerklärtem Blut,
unausgeruht, – von meinem eignen Haar
hochmütig übersehen wie ein Kind,
allein und blind inmitten meiner Brände,
sogar den Hunden neu und wie versagt,
mir selbst so fremd, daß mich die eignen Hände
anrühren wie die Hände einer Magd...:
wenn ich ein Jahr noch also leben soll,
so werf ich mich nach diesem einen Jahre
einem Bedienten in den Weg wie toll
und fleh ihn an, daß er mir das erspare.
Wie trugst du das?
DIE WEISSE FÜRSTIN.
Mein Blut war übervoll.
Oft rief es laut, daß ich davon erwachte,
mich weinend fand und in die Stille lachte
und in mein Kissen biß, bis es zerriß.
In einer solchen Nacht – ich weiß noch – schmolz
von seines Kreuzes Ebenholz
mein Christus los;
so groß war meine Glut:...
die Arme offen lag er über mir.
MONNA LARA.
Und dennoch war so tiefe Kraft in dir.
DIE WEISSE FÜRSTIN.
Das war nicht Kraft. Geiz war es, Habsucht war es,
womit ich alle Gluten jedes Jahres
aufsparte für den späten Hochzeitstag.
Nun ist er da. Mit tausendfachem Schlag
schlägt mir das Herz. Der Wurzeln letzte Süße
ist in mich eingegangen; ich bin reif.
Mein Haupt ist schön, und unter meine leichten Füße
schiebt sich die Erde wie ein Wolkenstreif.
– –

Und morgen darf ich altern.
MONNA LARA.
Du bist jung –
DIE WEISSE FÜRSTIN *zärtlich lächelnd.*
Jugend ist nur Erinnerung
an einen, der noch nicht kam.
Sie faßt die Schwester mit beiden Händen an den Schultern.
Auch du wirst sparen für den Bräutigam.
Denn deine Ungeduld ist Übergang.
Lang ist das Leben.
Pause.

MONNA LARA *bewundernd.*
Glanz geht von dir aus
und eine Stärke wie von Königinnen.
DIE WEISSE FÜRSTIN *sieht aufgerichtet zurück nach dem Palast.*
Die Sonne sinkt und spiegelt sich im Haus.
Nun will ich warten, und dann will ich winken.
MONNA LARA.
Winktest du nicht?
DIE WEISSE FÜRSTIN.
So hieße das: uns droht
Gefahr.
MONNA LARA *mit geschlossenen Augen, traumhaft schmerzlich.*
Er führe wie das frühe Fischerboot
vorüber von dem rechten Rand zum linken.
Sie reißt wie in Angst die Augen auf.
Aber du winkst?!
DIE WEISSE FÜRSTIN *glücklich.*
Wenn dort das Meer verloht,
so wink ich aufrecht in das Abendrot.
Das Haus ist leer –
MONNA LARA.
Still! Waren das nicht Schritte?
DIE WEISSE FÜRSTIN *horcht einen Augenblick.*
Nein; komm zur Terrasse. Man sieht von der Mitte
so weit ins Meer.
Sie gehen, sich umfaßt haltend, langsam durch die Platanen-Allee. Das Meer atmet langsamer und schwerer. Als die Fürstin einmal stehen bleibt und zurücksieht, sagt.
MONNA LARA *wie einen Kindervers.*
Nun kannst du nicht gehen und Linnen verschenken
und Öl und Salbe und Spezerei,
mußt an dein eigenes Bette denken,
daß es bereitet und selig sei.
DIE WEISSE FÜRSTIN *nickt ernsthaft im Weitergehen. – Ein Stück weiter faßt Monna Lara die Fürstin an der Hand. Sie bleiben beide stehen, die Fürstin sieht wieder nach dem Meer.*
MONNA LARA.
Glaubst du, kann ich dir dein Lager rüsten
und das Becken in das du dein Antlitz tauchst?
Mir ist als ob meine Hände wüßten
Alles was du heute brauchst.
Die Fürstin nickt, und sie gehen wieder ein Stück weiter; so kommen sie auf die Stufen der Terrasse und bleiben wieder stehen.
MONNA LARA *kniet plötzlich nieder.*
Ich will dich betten. Ich will dir dienen.
Alles Meine ist zu dir treu –
Die weiße Fürstin hebt sie leise empor, faßt ihr Gesicht mit beiden Händen und sieht hinein.
DIE WEISSE FÜRSTIN.
Deine Augen sind tief und neu.
Ich sehe mein ganzes Glück in ihnen.
Sie küßt sie auf den Mund. Monna Lara macht sich schnell los und eilt ins Haus hinein.
Die Fürstin schreitet jetzt die letzten Stufen empor, wendet sich und sieht in großem Erwarten auf das Meer hinaus. –

Nach einer Weile erscheint Monna Lara, einen silbernen Spiegel tragend, den sie, indem sie nieder-
kniet, der Fürstin vorhält.

Langsam ordnet die Fürstin ihr schweres Haar.

MONNA LARA *unter dem Spiegel, leise.*

Jetzt ist er in mir wiedergekommen.

Er hat mich einmal an der Hand genommen.

Jetzt fühl ich es wieder in meiner Hand.

Sieh, so hab ich ihn doch gekannt...

Die Fürstin lächelt in den Spiegel hinein, zerstreut hinhörend. Gleich darauf richtet sie sich, aus-
blickend, auf.

MONNA LARA.

Jetzt geht die Sonne ins Meer.

Sie eilt ins Haus zurück.

Pause.

Die weiße Fürstin steht jetzt allein, aufrecht und in gespanntem Schauen, auf der Terrasse. Die Villa
hinter ihr wird immer strahlender (als leuchtete ein großes Fest darin) vom Widerschein der sinkenden
Sonne. Da erkennt die Fürstin, nach rechts blickend, etwas Fernes. Sie langt einmal flüchtig nach der
Gürteltasche, wie um zum Winken bereit zu sein. Dann wartet sie. Endlich hört man Ruderschläge,
die näher kommen. Während die Fürstin der Bewegung draußen mit ihrem ganzen Wesen folgt, ist
den Strand entlang von rechts (vom Zuschauer aus gemeint) ein Frater der Misericordia, die schwarze
Maske vor dem Gesicht, aufgetreten und bis an den Anfang der Allee gegangen. Ihm folgt ein zweiter.
Sie sehen beide nach dem Haus und flüstern miteinander. Jetzt, da die Fürstin mit einer schnellen Ge-
bärde nach ihrem Tuche greift, rühren sich beide, und der erste Mönch macht einige rasche Schritte vor-
wärts. Dann zögert er, wendet sich nach seinem Gefährten zurück, steht still. Die weiße Fürstin hat ihn
bemerkt. Fön diesem Augenblick an sieht sie nur ihn; ihre Gestalt erstarrt in Schrecken, sie verliert das
Meer aus den Augen, aus dem Bewußtsein, während jetzt ganz laut die Ruderschläge von dort, lang-
sam, zögernd, vernehmbar sind. Die Fürstin macht eine große Anstrengung, den entsetzlichen

Bann zu brechen und dennoch zu winken. Eine Weile dauert dieser Kampf. Bei einer ihrer schwe-
ren, mühsamen Bewegungen macht der zweite Bruder ein paar Schritte, so daß er jetzt fast neben dem
ersten in der Allee steht. – Die Fürstin rührt sich nicht mehr. Die Fronte der Villa beginnt zu verlö-
schen. Das Boot muß vorbeigefahren sein; leiser, ferner und ferner verliert sich der Ruderschlag in dem
schweren Branden des fast nächtlichen Meeres.

Da, als man ihn eben noch unterscheiden kann, wird oben im Haus der Vorhang von einem der
hohen Bogenfenster fortgerissen, und etwas Helles, Schlankes erscheint, fast wie die Figur eines Kindes,
und winkt. Winkt erst rufend; hält einen Augenblick ein und winkt dann anders: schwer und langsam,
in zögernden Zügen, wie man zum Abschied winkt.

Vorhang.